AF474333

DE LA DOULEUR.

SE TROUVE A PARIS

CHEZ
BALLÈRE, libraire, près de l'École de Médecine;

BECHET JEUNE, libraire, place de l'École-de-Médecine;

CREVOT, libraire, rue de l'École-de-Médecine.

DIJON. IMPRIMERIE DE CARION.

DE LA DOULEUR

CONSIDÉRÉE SOUS LE POINT DE VUE

DE

SON UTILITÉ EN MÉDECINE,

ET DANS SES RAPPORTS

Avec la Physiologie, l'Hygiène, la Pathologie et la Thérapeutique;

PAR JACQ.-ALEX. SALGUES,

DOCTEUR EN MÉDECINE DE LA FACULTÉ DE PARIS, MEMBRE DE L'ACADÉMIE DES SCIENCES, ARTS ET BELLES-LETTRES DE DIJON, ET ANCIEN MÉDECIN INTERNE DES HÔPITAUX DE PARIS.

Qui uti scit, ei bona.
HORACE.

A DIJON,

CHEZ VICTOR LAGIER, LIB.re, RUE RAMEAU.

1823.

A MONSIEUR

LE DOCTEUR

ANTOINE,

Comme un hommage rendu à son savoir, à son expérience en médecine, et à ses rares et éminentes qualités.

J.-Alex. SALGUES.

ERRATA.

Page 2, ligne 1.re, supprimez le point et virgule.

Page 12, note, ligne 1.re, lisez *Phlegmasies*, et non *Phlegmaties*.

Page 23, ligne 10, lisez *dont l'estomac est privé du ton*; effacez *manque*.

Page 82, ligne 25, lisez *phlegmasies*, et non *phelgmasies*.

AVANT-PROPOS.

Aucun auteur en France n'a, je pense, traité ex professo *de l'utilité de la douleur en médecine. Que dis-je? cette utilité même a été méconnue par les hommes du plus rare mérite. Quelques-uns d'entre eux, dans des écrits d'ailleurs fort estimés, ont encore proclamé qu'on ne devait jamais la considérer que comme un hôte dangereux qu'il fallait combattre* per fas et nefas. Mahon, *pour en nommer un, est tombé dans cette erreur dans le cinquième volume de l'*Encyclopédie; *et je le cite plus particulièrement, parce que l'ou-*

vrage dont je parle est consulté tous les jours dans la capitale par les jeunes médecins. Voici ce que dit cet auteur : « Rien de ce qui » peut causer de la douleur n'est » salutaire; ce sentiment est cons» tamment nuisible par lui-même, » soit qu'il soit seul, soit qu'il se » trouve joint à quelque autre ma» ladie, etc. »

Si je ne me trompe, ce mémoire démontrera suffisamment la fausseté d'une proposition aussi exclusive, et qui pourrait être dangereuse si elle était adoptée sans examen. J'ai opposé des faits à cette proposition, parce qu'avec Roger Bacon, *et avec tous les bons esprits de ce siècle, je considère les faits comme les fondemens les plus solides des sciences physique et zoonomique, et les seuls sur lesquels il est possible d'appuyer une bonne démonstration. J'ai beaucoup cité* Hippocrate, *parce que je pense que c'est la première comme la plus imposante des autorités, et mon admiration est si grande pour lui, que je dirais volontiers, avec* Galien, *qu'il n'y a peut-être pas un seul mot d'inutile dans les admirables écrits de ce grand homme. Enfin j'ai fort peu accordé à la manie de beaucoup de gens de tout expliquer, parce que, dans les sciences physiologique et médicale, je crois pouvoir répéter ce que* Massillon *disait pour des matières qui font le désespoir de l'intelligence humaine, que plus on veut raisonner, plus on s'égare; et qu'une fois sortie des règles, notre faible raison ne trouve plus rien qui l'arrête, et que plus elle avance, plus elle se creuse de précipices.*

Ce sujet pouvait assurément être traité beaucoup mieux. Si des hommes plus habiles s'en emparent, je ne doute point qu'ils n'en fassent ressortir des vues fort utiles à la pratique médicale. Mais alors il leur faudra prendre tout dans leur propre fond ou dans des faits qui me sont inconnus. J'ai dit qu'aucun auteur, dans notre patrie, ne s'était occupé spécialement du rôle avantageux que la douleur joue en médecine. Bilon, *qui a si bien disserté sur les caractères variés de ce sentiment, suivant les tissus où il se developpe, n'en a rien dit. Ce n'était pas là d'ailleurs son objet.* Petit, *de Lyon, dont la plume savante a si bien tracé son histoire, ne dit qu'un mot de son utilité. Les Allemands ont fait beaucoup mieux. C'est à* Plouquet *que je dois de connaître les noms des auteurs qui ont ébauché cette matière. Voici ceux qu'il cite dans son* Litteratura medica digesta : Juncker, *dissertation intitulée* de Utilitatibus dolorum, *Hal.*, 1756;

Schulze, *dissertation* de Spasmo dolorifico sæpiùs remedio quàm morbo, *Hal.*, *1740*; Volckamer, *dissertation* de Dolore doloris remedio, *Altembourg*, *1739*.

Je n'ai pu me procurer aucune de ces dissertations. Enfin nous devons à Mojon, *de Gènes, un mémoire en italien sur le même sujet, intitulé* Sull' Utilita del Dolore. *On peut consulter le* Dictionnaire des Sciences médicales *si l'on veut savoir ce que quelques médecins pensent de cette production.*

Pour terminer enfin cet avant-propos, je crois devoir déclarer qu'un auteur du Dictionnaire des Sciences médicales, *au mérite duquel d'ailleurs je rends toute la justice qui lui est due, a dit que la question de la douleur considérée sous le rapport de son utilité, était un véritable paradoxe. Je ne puis être de son avis, pas plus que de celui de M. le docteur* Vallot, *de Dijon, qui, n'envisageant la douleur que comme un phénomène purement secondaire, ne veut pas reconnaître qu'elle puisse avoir aucune influence par elle-même sur l'économie animale. Le premier ignorerait-il qu'un paradoxe n'est pas toujours une erreur, et que ce qui était un paradoxe hier, peut fort bien être une vérité aujourd'hui* (1)? *Quant au second critique, je lui répondrai que, pour peu qu'on étudie tous les phénomènes que développe la douleur, et l'influence prodigieuse qu'elle exerce sur tous les systèmes organiques, il sera forcé d'avouer avec moi que, s'il est vrai que la douleur est toujours consécutive à une irritation bornée*

---

(1) Voyez le *Dictionnaire de l'Académie.*

au système nerveux, ou partagée par le système vasculaire, elle paraît si souvent à nos sens indépendante de toute irritation phlegmasique, qu'il n'y a nul inconvénient à la considérer comme primitive. Combien sont nombreux, en effet, les cas où la partie dolente ne présente à l'observateur que de la douleur, et pas autre chose que de la douleur. J'ai cru d'ailleurs bien faire en préférant un mot simple, entendu de tout le monde, à celui d'irritation douloureuse qui n'aurait rien dit de plus à l'esprit. La douleur est-elle jointe à des symptômes non équivoques d'inflammation, son influence n'est pas moins grande encore sur la marche de ces symptômes, sur leur terminaison, ou sur celle d'autres maladies éloignées du lieu où elle a fixé son siége. Les faits sont d'ailleurs là. Je m'appuie sur eux et sur l'auto-

rité, comme sur la pratique des maîtres de la science. Que veut-on de plus?

CONSIDÉRATIONS

GÉNÉRALES.

Au simple prononcé du mot *douleur*, il me semble voir tous les êtres animés et pensans se soulever d'effroi, et repousser de tous leurs efforts ce qui leur rappelle un sentiment qu'ils n'envisagent jamais que comme un fléau toujours à craindre pour eux ; la douleur est le *malus dœmon* de la félicité humaine, un ennemi redoutable, vrai monstre protéiforme qui poursuit ses victimes, sans relâche, au sein du repos comme au milieu des plus doux plaisirs; qui frappe, comme le disait *Petit*, avec une égale cruauté l'enfance et la vieillesse, la faiblesse et la force; qui ne respecte ni les talens ni les rangs, et traite la vertu à l'égal du crime. Telle est l'espèce de physionomie, si nous pouvons nous exprimer ainsi, que chacun lui prête; telle est l'idée qu'au sein de la société nous nous en formons tous.

Cette idée serait peut-être plus que justifiée, si l'on ne fixait ses regards que sur les angoisses, les anxiétés, les inquiétudes qui lui servent comme de cortége lorsqu'elle est ou trop aiguë, ou trop continue; lorsqu'elle torture par ses élancemens, ses déchiremens, ses térébrations, les malheureux qu'elle accable, et qu'elle leur arrache jusqu'à l'espérance de ne plus en être délivrés que par la destruction de leur être.

Quelle autre opinion, en effet, pourraient en concevoir ceux que tourmentent la goutte, cette compagne presque inséparable de la science et des richesses; certaines névralgies; ces contractions musculaires aussi atroces dans leurs résultats qu'elles sont inconnues dans leurs causes immédiates; le féroce et impitoyable cancer; toutes ces maladies organiques si bien signalées par *Bonet* et *Morgagni*, et qui, après avoir détruit les instrumens de notre vie par un travail aussi lent qu'insidieux, ne font plus considérer la mort, hélas trop tardive! que comme le plus grand, le plus désirable des biens!

C'est alors que la douleur trouble le jeu, l'action des organes; qu'elle pervertit l'harmonie des fonctions; excite la soif, suspend la faim, déprave la digestion ou la rend impossible; entrave les mouvemens respiratoires, et cause des dypsnées alarmantes ; précipite ou anéantit l'action du cœur ; supprime les exhalations et les sécrétions, ou en multiplie les produits; arrête l'étonnant phénomène de la nutrition; produit le desséchement des chairs, le marasme le plus désespérant, et hâte les progrès d'une vieillesse qui pouvait encore être fort éloignée. C'est alors aussi qu'au milieu de ces scènes affligeantes, les organes de la vie intellectuelle souffrent les désordres les plus fâcheux. Les sens, fatigués, repoussent ou trouvent insipides les objets qui les flattaient naguère; les facultés de l'âme ne s'exercent plus qu'avec lenteur ; souvent même elles sont anéanties. Pour les personnes que la douleur déchire, tout a changé de rapports et de couleurs. La mémoire ne tient plus aucun compte des maux passés; l'imagination, vive et inquiète, double l'intensité des maux présens, et, osant s'égarer dans l'avenir, elle enfante les prédictions les plus extravagantes et les plus funestes. Le sommeil, ce doux consolateur des maux vulgaires, a fui loin d'elles. A sa place la douleur a substitué les noirs chagrins, la mélancolie la plus sombre, et le désespoir le plus accablant.

Mais arrêtons-nous à ce court récit des maux que cause la douleur. Plus long, il nous ferait partager les angoisses de ceux qu'elle tourmente. Il ferait plus : il indisposerait notre esprit contre un sentiment physique qui, comme le disait le stoïcien *Zénon*, n'est pas toujours un mal; qui souvent même est un bien dans l'ordre moral comme dans l'ordre physique (1).

---

(1) Touiours à quelque chose sert;

Pascal disait plus encore (1) : suivant lui les aiguillons de la douleur sont beaucoup plus naturels à l'homme que les titillations du plaisir (2) ; et lorsqu'il considérait en outre leur association presque constante, il regardait ces deux sentimens comme des élémens essentiels de notre existence, et même de notre bonheur. En effet, et nous ne pouvons nous le dissimuler, tous deux concourent à la conservation de l'homme et des animaux ; tous deux dépendent des mêmes causes, découlent des mêmes sources ; ils sont enchaînés par les mêmes liens, et ils se correspondent constam-

---

malheur. Nul mal sans bien, nul bien sans mal en l'homme.

(*Charron, Traité de la Sagesse.*)

(1) Voyez la vie de Pascal.

(2) Notre bien estre, ce n'est que la privation d'estre mal. (*Montaigne.*)

ment entre eux dans de certains balancemens nécessaires.

Si cette proposition pouvait paraître étrange, si elle trouvait des incrédules, mille preuves viendraient appuyer l'une, et faire taire le septicisme des autres. Nous pourrions dès-lors leur rappeler quel nombre prodigieux de douleurs l'homme est forcé d'endurer dans les diverses phases de sa vie, et même dès sa plus tendre enfance. C'est par des supplices, leur dirions-nous avec *Pline*, qu'il fut condamné à commencer sa carrière (1). Son premier cri est un cri de douleur que rien ne saurait lui épargner. Quelques mois plus tard, à peine a-t-il fait quelques essais pour soutenir péniblement sa chancelante machine, mille angoisses diverses l'affaiblissent encore indé-

(1) Et a suppliciis vitam auspicatur.
Liv. VIII, préf.

pendamment du travail de la dentition, et qui ne semblent créées que pour lui démontrer que s'il est des plaisirs pour lui, la douleur a été placée près d'eux comme un correctif aussi nécessaire qu'inévitable. Lorsqu'il est plus avancé sur le chemin de la vie; lorsqu'il a acquis toute la force dont il est susceptible; lorsqu'il a surmonté tous les obstacles qui menaçaient ses premiers ans, une foule d'impressions douloureuses l'assiégent encore au milieu de tous les actes de son existence, non dans le but unique de troubler ses jouissances, mais bien pour les faire valoir en les suspendant par intervalles, et pour rendre en quelque sorte au principe de la sensibilité le ton que la continuité des plaisirs pourrait affaiblir. La morose vieillesse ne saurait non plus lui échapper : *Subeunt morbi, tristisque senectus*, disait *Virgile*. C'est sur elle surtout que la douleur s'appesantit avec une singulière et plus fâcheuse prédilection. Mais pour la vieillesse, comme pour les âges précédens, ce sentiment physique est loin de se présenter comme une maladie contre laquelle il faille constamment opposer la puissance des médicamens. Il est plus rationel et plus philosophique, je pense, de la considérer comme étant souvent une expression particulière de la sensibilité qui avertit notre intelligence du danger qui nous menace. C'est le tonnerre qui gronde avant que de frapper, disait encore *Petit*, de Lyon; c'est le cri du bâtiment qui menace ruine; c'est encore, pour me servir des expressions de *Sèze*, le ton du principe conservateur qui cherche à repousser ce qui le blesse, et qui, pour y parvenir, concentre son action dans un espace plus ou moins circonscrit pour déployer ses forces avec plus de facilité (1).

(1) *Recherches physiologiques et*

D'après ces données, nous sera-t-il permis de conclure qu'il n'est pas de santé, d'existence même sans l'intervention de quelques nuances de douleur; et que sans elle l'uniformité, l'indifférence, la mort enfin seraient partout, la nature n'ayant pas voulu que le principe de vie pût se conserver sans les secousses que lui impriment en sens contraire le plaisir et la douleur.

Nous allons dire plus encore : quels que soient les avantages que nous retirions de ces deux sentimens physiques, il existe entre l'un et l'autre une importante différence qui est encore à l'avantage de la douleur. Presque toujours le plaisir n'est pas ce que nous l'avions cru. Il semble qu'il est de son essence de traîner à sa suite tous les genres de déception. La douleur

---

philosophiques sur la Sensibilité animale, 1 vol.

au contraire, quelles que soient l'importunité et la fatigue que nous causent ses avis, ne nous abuse jamais lorsque nous l'écoutons à temps. Elle nous indique avec sûreté le point où nous devons nous arrêter, et son obstination à nous poursuivre a son principe dans l'intérêt qu'elle prend à notre conservation. Elle a tout le caractère d'un ami fidèle qui nous dit nos vérités sans ménagement, et sans s'inquiéter de nos murmures et de nos plaintes. Rarement nous trouble-t-elle dans nos vraies jouissances : si elle vient les interrompre, elle n'arrive que lorsqu'elle est appelée par un excès ou par un danger que nous ne pourrions autrement prévoir. Ses avis devraient donc être pour nous des lois : mais, hélas! beaucoup trop souvent nous les méprisons. Elle s'irrite alors, et, semblable à un ennemi irréconciliable, elle nous poursuit, nous frappe sans cesse, et ne nous abandonne plus que lorsqu'elle nous a donné la mort!

Maintenant, pour mieux étudier la douleur sous le point de vue où nous avons voulu l'envisager, il est primitivement convenable de savoir :

1.° Quelles sont les conditions qu'elle doit offrir pour qu'elle soit utile et non dangereuse ;

Quel est son mode d'action, et le genre d'influence qu'elle exerce sur les divers systèmes organiques.

Première condition.

La douleur n'est utile qu'autant qu'elle est modérée (1). Trop forte, elle porte presque constamment une atteinte funeste au principe de la

---

(1) Il est plusieurs exceptions à faire à cette règle. Nous les ferons connaître dans la quatrième partie de ce mémoire.

sensibilité; elle enraye l'action des principaux foyers de la vie; elle la suspend même à jamais, comme l'attestent mille faits consignés dans les fastes de la science.

Seconde condition.

La douleur, pour être favorable, doit frapper plus particulièrement les parties extérieures et les membres : lorsqu'elle se manifeste sur les organes intérieurs, elle est d'un plus fâcheux augure, parce qu'elle développe ordinairement en eux des congestions redoutables, ou des lésions de texture qui tôt ou tard deviennent funestes.

Troisième condition.

La douleur doit être circonscrite à un petit nombre de parties. Si elle était trop généralement répandue, si elle sévissait sur un trop grand nombre d'organes, elle menacerait la vie, et ne la défendrait pas.

Quatrième condition.

Elle doit être de courte durée. Trop continue, quoique peu violente, elle abattrait les forces, et ne permettrait aucune réaction favorable.

Nous avons dit en outre que nous indiquerions quel genre d'influence la douleur exerce sur les systèmes organiques. Notre premier soin pour la bien apprécier, est d'étudier les phénomènes locaux qu'elle produit. Voici ce que l'observation démontre : Dès que la douleur est fixée sur l'une de nos parties, elle y établit un centre d'action vers lequel convergent toutes les forces et tous les mouvemens. *Ubi stimulus, ibi affluxus*, disait *Hippocrate*. Alors la sphère d'activité de cette partie s'agrandit en proportion de son importance physiologique, de sa texture plus ou moins nerveuse ou vasculaire, de l'intensité de sa fluxion ou de la douleur qu'elle recèle. Elle se gonfle, elle s'épanouit, elle acquiert aussi plus de densité par l'afflux du sang dans les capillaires et dans les aréoles de son tissu cellulaire. Ses forces vitales propres acquièrent une plus grande expression; elles sont comme exagérées. De cet état nouveau pour cette partie, dérivent pour elles des sympathies nouvelles, ou plus compliquées, qui changent, modifient les actions des organes; qui les diminuent ou les agrandissent suivant les circonstances de la maladie; qui rompent, brisent les sympathies morbides, et substituent au désordre le plus complet, comme le plus dangereux, le calme précurseur d'un retour prochain à l'ordre et à la santé.

Il est cependant des cas où la

douleur produit des phénomènes d'un ordre entièrement opposé à ceux-ci. On remarque cette particularité lorsque ce sentiment est trop fort, ou dans les circonstances où le système vasculaire est incapable de réaction. Les parties dolentes alors, loin de prendre plus d'amplitude, perdent au contraire de leur volume; elles se resserrent, comme s'il entrait dans leurs moyens conservateurs d'échapper à la sensation qui se développe dans leur sein, ou pour la supporter dans le plus petit nombre de points possible.

La douleur est alors plus constamment nuisible; quelquefois cependant, dans ce cas même, elle se montre avec un caractère officieux : c'est lorsqu'elle suscite de semblables phénomènes au milieu de viscères frappés d'engorgemens indolens, d'empâtemens produits par l'inertie de leurs fibres et de leur tissu aréolaire.

La douleur, avons-nous dit, produit encore des phénomènes généraux. Le système nerveux est surtout celui qui en manifeste le plus grand nombre. C'est à son aide que la douleur produit, amène, suscite les changemens les plus heureux; c'est par lui, c'est à l'aide de la sensibilité dont il est le foyer, que, bien que l'homme soit un composé de parties multiples, elle ne peut en remuer une seule sans ébranler toutes les autres. Par ce système, foyer inépuisable de sensibilité, la douleur modifie, brise les impulsions vicieuses de ce même système, causes si communes de la nombreuse série des affections ataxiques; elle en crée d'autres plus régulières, mieux soutenues, et plus conformes au rétablissement et au maintien de la santé.

La douleur n'a pas une influence moins grande sur le cœur et sur toutes les parties du système vasculaire. Souvent elle diminue l'activité morbide, elle modère les contractions de ce grand mobile de la circulation sanguine; elle suspend, elle arrête des fièvres qui, par leur continuité, menaçaient l'existence d'une fin prochaine. D'autres fois, au contraire, la douleur excite des mouvemens fébriles salutaires, que de grands observateurs ont considérés comme la cause la plus active de la guérison de plusieurs maladies chroniques entretenues par l'atonie de la fibre vivante. N'est-ce pas en décidant cette réaction salutaire, en titillant, en stimulant, en tourmentant tous les organes, que les eaux sulfureuses employées par *Bordeu* décidaient des guérisons regardées comme impossibles par d'autres médecins? Tous les médicamens stimulans n'agiraient-ils pas en produisant diverses sensations internes aussi multipliées dans leurs formes que les médicamens qui les produisent sont nombreux, sensations que l'on pourrait rapporter toutes à la douleur?

La douleur n'occasionne pas tous ces phénomènes organiques par sa seule action sur les facultés du cœur. Sa puissance se fait également sentir sur les vaisseaux capillaires les plus ténus, sur cet inextricable réseau vasculaire qui forme comme la trame du plus grand nombre de nos organes. Elle précipite ou change la direction de leurs oscillations; elle favorise la circulation des fluides contenus dans leur intérieur; elle la ralentit dans d'autres; quelquefois même, en produisant de légers mouvemens convulsifs qui ébranlent tous les systèmes d'organes, elle diminue, comme l'a dit *Hoffmann*, et la pléthore, et divers engorgemens.

Nous pourrions encore indiquer quelle influence la douleur exerce sur les appareils respiratoires, digestifs, et autres. La troisième partie de ce mémoire la fera suffisamment connaître par les faits que nous présenterons à nos lecteurs.

DE LA DOULEUR

CONSIDÉRÉE

SOUS LE POINT DE VUE

DE

SON UTILITÉ EN MÉDECINE.

CHAPITRE PREMIER.

De la Douleur considérée dans ses rapports avec la Physiologie.

La douleur étant quelquefois, souvent même une compagne bienveillante de la santé, et pouvant dans quelques circonstances donner une énergie nouvelle ou mieux développée à quelques-unes de nos fonctions, nous pensons qu'elle ne saurait être considérée comme une dépendance exclusive de la pathologie, et que la physiologie a des droits égaux à son étude. En effet, elle fut créée conjointement avec le plaisir pour la conservation des individus et des espèces, et sous les formes et les modifications les plus variées (1); elle fut établie pour surveiller attentivement nos besoins physiques, et pour concourir à l'accomplissement de plusieurs de nos actes organiques. Le plaisir seul ne pouvait remplir ces importantes fonctions : notre insouciance, notre paresse pouvaient en paralyser les avertissemens. En lui associant la douleur, la nature pensa que notre soumission serait plus assurée, et qu'avec elle nous ne manquerions jamais de nous astreindre à tout ce qu'elle exigerait de nous : ce qui suit le prouve.

SECTION PREMIÈRE.

Quelles que soient les fonctions sur lesquelles nous dirigions notre attention, que nous la fixions sur les fonctions

---

(1) Toutes les parties de l'homme sont capables de douleurs, fort peu capables de plaisir, disait *Charron*. Les parties capables de plaisir n'en peuvent recevoir qu'une sorte ou deux ; mais toutes peuvent recevoir un grand nombre de douleurs toutes différentes : chaud, froid, faim, soif, lassitude, piquure, froisseure, fouleure, esgratigneure, escorcheure, cuisson, meurtrisseure, langueur, extension, oppression, relaxation, et infinis autres, sans compter ceux de l'âme.

(*Tr. de la Sagesse.*)

nutritives ou sur celles que les physiologistes modernes ont appelées fonctions de relations, nous voyons la douleur solliciter tous les phénomènes qu'il est de leur essence de développer dès que son intervention est réclamée par notre intérêt personnel. C'est elle qui se montre sous cet état pénible de faiblesse, d'anxiété, dans ces tiraillemens épigastriques, dans ce malaise inexprimable qui, sous le nom de faim, nous avertit que nos mouvemens de nutrition sont en souffrance, et que nos organes réclament de nouvelles molécules alibiles; c'est elle encore que nous retrouvons dans cette ardeur insupportable qu'excite la soif, sentiment impérieux qui nous oblige de recourir aux boissons propres à nous rafraîchir, et à fournir de nouveaux matériaux à nos sécrétions; c'est elle enfin qui, dans quelque cas, provoque l'action des glandes et favorise leur travail sécrétoire. N'observons-nous pas plus particulièrement cette faculté dans les mamelles de plusieurs femmes grosses, chez lesquelles il n'est pas rare de voir poindre des *douleurs légères* qui leur causent un peu d'inquiétude, il est vrai, mais qui cependant, loin de leur être nuisibles, favorisent la sécrétion lactée en attirant dans ces organes sécréteurs les fluides propres à en fournir les matériaux (1)? Nous retrouvons encore la douleur lorsque, ne donnant pas à nos fonctions d'excrétion toute l'attention convenable, nous laissons les organes qui y président surchargés par les matières qui ne doivent y séjourner qu'un temps limité. Qu'arrive-t-il, en effet, lorsque nous ne rejetons pas à temps le mucus bronchique, nos urines ou les résidus de nos digestions? Ne voyons-nous pas tous ces organes se plaindre par une douleur plus ou moins vive; quelques-uns par une sorte de chatouillement désagréable; d'autres par un malaise, une pesanteur, une tension particulière : sentimens divers qui ont pour but de nous éclairer promptement sur nos erreurs ou notre négligence?

Mais c'est surtout dans l'accouchement que nous voyons la douleur jouer un rôle singulièrement actif. Là elle est en effet le grand mobile des contractions utérines, celui sans lequel la matrice n'aurait pas le degré d'énergie con-

---

(1) Voyez *Gardien, Traité des Accouchemens.*

venable pour l'accomplissement de la précieuse fonction dont elle est chargée.

Si des physiologistes ne voient dans ce travail que des douleurs passives, effets nécessaires du tiraillement, de la distension, de la dilacération des parties, ils ne peuvent méconnaître les douleurs actives qui précèdent et entraînent probablement toutes les contractions de l'utérus. De célèbres accoucheurs, mais surtout *Pouteau*, n'eurent pas une opinion différente sur la nature de ces douleurs (1).

Levret, à la vérité, considérait les contractions de la matrice comme les seules causes prochaines des douleurs obstécricales; mais il n'en était pas moins persuadé que ces douleurs secondaires mettent en jeu à leur tour toutes les puissances auxiliaires de l'accouchement. C'est ainsi qu'on voit quelquefois un gravier engagé dans le col de la vessie, solliciter cette poche musculaire à des contractions violentes et répétées par les douleurs qu'il détermine; douleurs qui obligent le malade à faire agir ses forces expulsives générales avec celles

---

(1) Pouteau, *Œuvres chirurgicales*, vol. 3, page 4.

qui sont propres à cet organe : tant il est vrai que, par la plus admirable de toutes les sympathies, tout se lie, tout s'enchaîne chez l'homme malade comme chez l'homme sain !

L'accouchement une fois terminé, la douleur, loin de délaisser l'accouchée, la seconde encore avec non moins d'efficacité dans l'expulsion des caillots sanguins qui se forment dans la cavité de la matrice après l'expulsion du fœtus. Tel est évidemment le but des tranchées; leur utilité est tellement démontrée dans cette circonstance, qu'il n'est pas un médecin vraiment digne de ce nom, qui se permît d'administrer des médicamens narcotiques pour anéantir ces douleurs : s'il faisait une exception à cette règle, ce ne serait que dans le cas seul où il y serait forcé par une trop grande susceptibilité nerveuse.

La douleur concourt-elle à la conservation des espèces, comme elle concourt à la conservation des individus? Nous pourrions répondre à cette question par l'affirmative, si nous considérions l'influence qu'exerce sur les organes générateurs la douleur que l'art sait quelquefois développer avec ménagement dans les parties qui sympathisent avec eux. Mais en est-il de même de quelques autres douleurs spontanées que la nature, selon *Darwin*, semble produire dans cette unique vue? Nous n'oserions l'affirmer. Mais écoutons ce célèbre zoonomiste :

« Un grand nombre d'espèces d'ani-
» maux mangeraient leurs petits (ce
» qui arrive d'ailleurs quelquefois aux
» truies) sans l'intervention de la dou-
» leur. A l'époque où les femelles met-
» tent bas, le stimulus du lait, dans les
» mamelles engorgées de la mère, lui fait
» désirer et rechercher quelque chose
» qu'elle ignore, pour la délivrer des
» souffrances que lui fait éprouver la
» distension de ses organes mammaires.
» En même temps l'odeur du lait attire
» les jeunes animaux vers sa source :
» l'heureuse mère éprouve un nouvel
» appétit, et sa tendre progéniture est
» portée à recevoir et à communiquer
» le plaisir par la plus belle de toutes
» les affections (1). »

S'il en est ainsi, pardonnons à la nature, et remercions-la avec *Petit* d'avoir marié un sentiment douloureux à l'acte heureux de la maternité, puisque

(1) Darwin, *Zoonomie*, vol. 1, page 240.

c'est à ce sentiment pénible que nous devons des soins plus affectueux, cette tendresse plus touchante et plus vraie, cet incomparable amour enfin qui attache une mère à l'être qui a puisé la vie dans son sein.

SECTION II.

Entraînés par nos plaisirs, nos occupations ou nos rêveries, oublions-nous les soins que nous devons à notre conservation; nous trompons-nous sur la juste mesure de nos besoins; surchargeons-nous notre estomac d'alimens trop abondans ou trop indigestes, de liqueurs trop excitantes; violons-nous enfin toutes les lois du régime : la douleur se représente encore à nous dans les pesanteurs, les tiraillemens d'estomac, les gastrodynies, les coliques, les maux de tête, les agitations, etc....., qui ne se développent alors que pour nous signaler les désordres de notre raison, et pour nous soustraire au danger qui nous menace. Que fait la douleur dans ce cas? Elle appelle sur le point menacé tous les efforts des puissances vitales; elle résiste, elle combat avec et par elles l'action des causes offensantes, et concourt ainsi à éloigner l'imminence du péril.

Notre estomac déploie-t-il une force trop active pour élaborer et convertir en chyme les alimens que nous versons dans sa cavite; en soutire-t-il une matière nutritive surabondante ; ces élémens de nutrition sont-ils présentés en excès à tous nos organes pour satisfaire aux mouvemens de composition et de décomposition qui constituent l'acte nutritif; en un mot le système vasculaire chargé de les verser dans chacune de nos parties en est-il comme surchargé : des agitations dont la cause échappe souvent à l'œil inattentif, des insomnies opiniâtres, des fluxions diverses viennent multiplier pour nous les avertissemens, et semblent nous crier : Soyez plus sages et plus modérés, il en est temps encore.

Guidés par l'irréflexion, ou par un excès d'audace, nous exposons-nous sans mesure à l'action d'une température trop élevée ou trop basse dans des lieux brûlans ou glacés, la douleur, sous des formes diverses ou même semblables dans ces deux cas (1), nous in-

(1) Pallas ayant fait congéler du mercure, plaça

time l'ordre de nous éloigner de ces lieux sous peine de perdre une portion de nos organes, ou la vie tout entière.

Mais combien plus ne sont pas multipliées encore toutes les sensations désagréables ou pénibles que nous éprouvons lorsqu'une lumière trop vive vient frapper notre rétine; lorsque nos nerfs acoustiques sont fatigués par des sons inharmonieux, trop aigus ou trop graves; lorsque la membrane olfactive est assaillie par des corps délétères qui tendent à s'introduire dans les *voies respiratoires;* lorsque le goût est blessé par cette foule de saveurs désagréables ou insoutenables, qui toutes nous avertissent que des substances étrangères à l'alimentation sont venues se fourvoyer parmi nos alimens! Eveillés par ces sensations insolites et douloureuses, tous ces organes se refusent à se mettre en rapport avec des corps qui les blessent, et ils les repoussent s'ils tentent à s'introduire de force.

Il en est encore de même de la lassi-

---

cette portion congélée dans le creux de sa main pour l'examiner ensuite. Au moment même du contact, ce célèbre naturaliste ressentit une douleur des plus violentes, qu'il compara à celle qu'aurait produit un fer rouge. L'effet fut le même.

tude, autre variété de douleur qui naît d'un exercice ou d'un travail trop soutenus (1). Par elle nous apprenons que nos muscles ont besoin d'un prompt repos, et que ce ne serait pas sans risque que nous essaierions de le leur refuser.

D'après toutes ces données, il nous est donc impossible désormais de contester l'utilité que nous retirons, dans l'état de santé, de *certaines nuances* de la douleur. Ces nuances *excitent, régularisent et complètent plusieurs de nos fonctions, ou préviennent les désordres qui pourraient en menacer d'autres.*

SECTION III.

Nous allons voir maintenant ces mêmes nuances de douleurs physiologiques et d'autres encore, mais plus spécialement pathologiques, réveiller l'action, le jeu de plusieurs de nos organes, leur imprimer une énergie inaccoutumée, leur communiquer quelquefois une puissance extraordinaire, régulariser leurs

(1) Les Grecs, au rapport de *Cicéron*, n'établissaient aucune distinction entre la douleur et la fatigue. Ils exprimaient par un même mot ces deux sentimens physiques.

(*Tuscul. Quæst.*, liv. 2.)

mouvemens lorsqu'ils sont ou engourdis, ou frappés d'une faiblesse étrangère aux habitudes de la santé. Nous commencerons par la faim.

Les médecins physiologistes ont quelquefois eu recours à ce sentiment exagéré, et aux anxiétés qui l'accompagnent, pour modifier la marche de certaines maladies, pour en suspendre quelques symptômes, et en arrêter même le cours. C'est ainsi qu'ils l'ont quelquefois excité avec un veritable succès dans les diverses affections qui sont sous la dépendance du vice strumeux ; affections où nos tissus sont abreuvés, relâchés par une sorte d'humidité surabondante, et atteints d'une faiblesse radicale qui est très-probablement l'une des sources d'où dérivent les nombreux phénomènes qui appartiennent aux affections scrophuleuses (1). *Hippocrate*

---

(1) L'auteur des *Phlegmaties chroniques*, à qui nous devons l'un des meilleurs livres sortis de l'école de Paris, regarde l'inflammation des lymphatiques comme la cause prochaine des scrophules Je le crois comme lui ; mais il n'en reste pas moins vrai que la faiblesse (qu'elle soit secondaire ou non) que l'on remarque chez les scrophuleux est la source de plusieurs des symptômes qu'ils présentent.

est surtout, parmi nos maîtres, celui qui a le mieux apprécié toute l'influence que la faim exerce sur le cours de quelques-uns de nos maux. *Corporibus humidas carnes habentibus, famem inducere oportet : fame senim siccat corpora*, disait ce divin vieillard (1). Ce sentiment physique n'a pas eu des succès moins heureux lorsqu'il a été excité à propos par des médecins habiles pour combattre les accidens qui troublent la malheureuse existence des hypocondriaques et des femmes vaporeuses. Nous citerons pour exemple le célèbre *Lower*, qui, ayant suscité par une abstinence prolongée la cynorexie ou faim canine chez plusieurs personnes atteintes de ces fâcheuses névroses, obtint souvent des soulagemens inespérés à leurs maux; et presque constamment ce praticien remarqua que leurs angoisses ne tardaient point à se manifester de nouveau lorsqu'à cette boulimie succédait un appétit ordinaire (2).

La douleur, quelle que soit la forme sous laquelle elle se présente, a quelquefois produit chez ces êtres vraiment in-

---

(1) Sect. VII, aph. 59.

(2) Voy. le *Traité des Maladies nerveuses*, de Whytt, vol. 2, p. 25.

fortunés des effets physiologiques aussi étonnans que précieux à étudier. Elle agit alors très-probablement en stimulant le système nerveux de ces malades, système qui paraît chez eux enrayé dans son action. En lui donnant plus d'activité, elle imprime aux fonctions cérébrales des hypocondriaques et des hystériques une impulsion, une force, une étendue quelquefois si extraordinaire, que l'on a vu quelquefois les pensées les plus élevées, les plus brillantes, les conceptions les plus hardies jaillir d'un cerveau qui, peu auparavant, était presque nul pour ses productions intellectuelles. Ainsi s'explique, suivant nous, tout ce qu'on a pu dire des femmes que l'on faisait asseoir sur le trépied de la Pythie à Delphes ou à Délos. On sait que les prêtres de ces temples fameux plaçaient sur ce trépied des femmes hystériques, qu'ils choisissaient de préférence dans la classe du peuple, et que, par une foule de pratiques toutes fort douloureuses qu'ils exerçaient sur elles, ces prêtres parvenaient à les jeter dans un délire que l'on regardait comme prophétique (1).

---

(1) Voy. les *Voyages du jeune Anacharsis*, par l'abbé Barthélemy.

Dans la catégorie des personnes souffrantes chez lesquelles la douleur produit quelquefois une grande excitation morale et intellectuelle, nous placerons encore les goutteux. Chez plusieurs d'entre eux l'ame paraît se nourrir d'affections d'autant plus touchantes, ou mieux dirigées, qu'ils sont plus vexés par les douleurs arthritiques. L'on sait, pour en fournir une preuve, que naguère le poète *Scarron* n'était jamais plus gai, plus spirituel, plus affectueux auprès de ses nombreux amis, que lorsqu'il éprouvait les accès d'une maladie goutteuse qui le tourmenta toute sa vie. *Numquam poeta, nisi podager*, disait un auteur ancien. Nous citerons encore les mélancoliques, dont les idées s'élèvent chez plusieurs en proportion des souffrances physiques ou morales qui troublent leur existence. Ils acquièrent alors et plus d'esprit, et plus de verve, et plus de gaîté; et leur conversation devient quelquefoissi enjouée, qu'on croit ne plus voir en eux les infortunés qu'on plaignait encore un instant auparavant. Tels furent le malheureux et sublime chantre de la *Jérusalem Délivrée*, et le poète *Gilbert* dont le talent prodigieux est connu de tous ceux qui cultivent les muses. *Aristote* et son digne maître *Platon*, qui avaient observé également beaucoup de mélancoliques et d'hypocondriaques, les regardaient aussi comme beaucoup plus susceptibles d'acquérir de la science et de la sagesse, que les hommes qui jouissent d'une santé meilleure et plus stable. Le mot de Sénèque, *non est magnum ingenium, sine mixturâ dementiæ*, n'exprime-t-il pas la même chose?

Les hommes pour lesquels l'instruction est un besoin, n'ignorent point que *Cardan* composait avec d'autant plus de facilité et de méthode, qu'il éprouvait un plus grand nombre de sensations pénibles. Lorsque ces sensations lui manquaient, il les recherchait par tous les moyens qui étaient en son pouvoir, son expérience lui ayant démontré que, sans elles, son esprit descendait à la condition de celui des bêtes, pour me servir de ses expressions propres. Pour se les procurer et se soustraire au sommeil de la pensée, il se mordait les lèvres, il se tordait les doigts, se pinçait la peau et les chairs, jusqu'à ce que la douleur vînt lui arracher des larmes. *Fuit mihi mos*, dit Cardan, *ut causas doloris, si non haberem, quærerem : undè plerumquè causis morbificis obviàm ibam.*

Je puis citer trois faits qui attestent le pouvoir qu'a la douleur d'agrandir la sphère de l'intelligence et de fortifier le sentiment pour les beaux arts.

Le premier m'a été présenté par une jeune demoiselle, fille aînée d'une dame russe, qui, à l'imitation de l'enfant cité par *Rosen*, avait les idées les plus riantes, les plus gaies et les plus spirituelles lorsqu'elle était tourmentée par des coliques vives, causées par la présence d'un assez grand nombre de vers. Parvenais-je à calmer cette excitation du système nerveux abdominal, et à expulser quelques vers qui appartenaient au genre *lumbricus intestinalis de Pallas,* cette jeune personne retombait dans un affaissement moral tel que sa mère redoutait que sa fille, qu'elle aimait passionnément, n'eût un jour à peine que le sens commun.

Un autre fait m'a été offert par un ancien domestique d'un général, dont l'intelligence était plus que médiocre dans l'état de santé. Mais des hémorroïdes qu'il avait constamment au printemps et en automne, depuis plusieurs années, venaient-elles à le faire souffrir beaucoup, il s'établissait alors une sorte de congestion sanguine vers le cerveau, sympathique de celle qui existait à l'anus; et cet homme, qui n'avait avant ses souffrances qu'une raison fort ordinaire, discourait sur les matières politiques et littéraires avec une telle justesse, qu'il étonna plusieurs fois son maître qui me pria d'observer attentivement ce fait fort curieux.

Le dernier exemple enfin est celui que j'ai observé sur madame de T...., qui se distingue à Dijon autant par sa naissance que par les qualités de son cœur et de son esprit. Cette dame, qui est presque habituellement souffrante, cultive depuis plusieurs années, comme agrément et avec beaucoup de goût, l'art des *Raphaël* et des *Rubens*. Près d'elle j'ai pu m'assurer de ce qui m'avait déjà été dit par plusieurs personnes, que son pinceau acquérait une suavité, une vérité d'expression, et une chaleur d'autant plus grande, qu'elle est plus tourmentée par diverses douleurs qui altèrent depuis trop long-temps les charmes de son existence.

La douleur joue probablement un rôle très-actif dans tous ces cas singuliers; c'est elle sans doute qui remonte l'action cérébrale, et qui met en jeu les facultés de l'intellecte. Or n'en pouvons-nous pas conclure, pour les sujets des observations précédentes, que le cerveau de ces personnes dans l'état sain, se trouvait dans une sorte de torpeur habituelle, résultat probable d'un défaut de ton et de l'activité propre à cet organe ; ou bien encore ne pouvons-nous pas dire que, chez ces êtres souffrans, l'instrument de la pensée ne recevait pas une excitation assez fortement prononcée de la part des organes qui entretiennent des relations sympathiques avec lui ? Et tels sont les viscères abdominaux : car gardons-nous bien de penser que l'encéphale n'a besoin que de lui seul pour produire les merveilles qui élèvent si fort un *Aristote*, un *Démosthènes*, un *Newton*, un *Descartes* au-dessus des autres hommes. Il est des organes quelquefois fort éloignés du cerveau, ignobles même par les fonctions dont ils sont chargés, et qui peuvent modifier, suspendre l'action de ce foyer de la sensibilité, l'arrêter dans son essor, ou réduire momentanément ses actes aux œuvres de la plus pitoyable médiocrité. Le génie qui créa le paradis perdu, *Milton*, nous en fournit une preuve. La constipation opiniâtre qu'il éprouvait en automne le jetait dans une sorte de nullité passagère ; lorsqu'elle disparaissait, Milton retrouvait ces grandes et sublimes idées poétiques qui l'ont placé si haut dans l'esprit des peuples modernes. Aussi *Pline* disait-il : *Magna pars libertatis est benè moratus venter.*

L'estomac est surtout de tous nos organes celui qui paraît influencer plus directement l'action cérébrale. Cette influence ne fut jamais méconnue d'aucun de nos grands observateurs. Elle ne le fut surtout point de *Vanhelmont*, ni de *Wepfer* qui appelait cet organe le *praeses systematis nervosi*. Parmi les savans, les hommes de lettres, les grands magistrats, nous pourrions en citer plusieurs chez lesquels les souffrances de cet important viscère imprimaient au cerveau une activité prodigieuse. *Young*, *Pitt*, *Vieland* que les Allemands comparent à notre *Voltaire* pour la flexibilité du talent, *Grétry*, étaient dans ce cas. Aussi *Amatus* disait-il qu'un mauvais estomac suit les gens de lettres et les savans, comme l'ombre suit le corps. Frappé également par plusieurs faits de cette nature, *Jourdain Guibelet*, dans son *Examen de l'examen des esprits*, chap. 10, a donc pu écrire, sans commettre un paradoxe, qu'un excellent moyen d'estimer la force de l'intelligence était d'apprécier préliminairement la délicatesse de l'estomac, toujours, selon lui, en raison directe de l'exaltation cérébrale. Gardons-nous bien cependant de donner trop d'extension à cette idée. Mille faits viendraient la démentir.

L'homme qu'une maladie mortelle va rendre au néant, et qui n'attend plus que quelques instans pour mettre l'éternité entre lui et les siens, déploie quelquefois dans ce moment terrible une supériorité d'intelligence et de connaissances qu'on ne lui soupçonnait nullement dans l'état de santé. *Amatus lusitanus*, *Schenkius*, *Fernel*, *Baillou*, *Haller* et *Stoll*, nous en ont laissé des exemples aussi singuliers qu'intéressans pour le physiologiste. J'en puis citer un où la mémoire du malade acquit tout-à-coup, et cinq heures avant que de mourir, une si prodigieuse étendue, que cet individu récita beaucoup de beaux vers du quatrième livre de l'*Enéïde*, et plusieurs des principales scènes de l'*Andromaque* de *Racine*. Cet homme, âgé de cinquante ans, était un ancien épicier de la rue Saint-Denis ; il n'avait appris qu'à lire et à écrire. Mais il avait un fils qui avait fait d'excellentes études, et dont la passion principale était la lecture à haute voix des grands poètes. Son père, qui, avant sa maladie, n'avait jamais montré qu'il eût retenu quelque chose de ces chefs-d'œuvre, se trouva instantanément la faculté de se rappeler ce qu'il avait entendu si souvent, au grand étonnement de tous ceux qui l'environnaient. Il promettait encore beaucoup d'autres tirades de la *Henriade*, lorsqu'un affaissement subit de ses forces ne lui permit plus de continuer. Sa maladie était une dyssenterie maligne, dont le cours fut fort rapide.

Dans ce cas, qui n'offre rien de plus extraordinaire que ceux qui ont été rapportés par mes devanciers, nous devons croire que le principe de la sensibilité s'était en quelque sorte concentré tout entier dans le système cérébral, et qu'en excitant ce système d'une manière inaccoutumée, il donna aussi à la mémoire une activité telle, qu'elle pût reproduire toutes les images qu'elle avait reçues pendant plusieurs années, et qu'elle n'avait point développées plus tôt, parce que, dans l'état de santé, le cerveau se trouvait dans une inertie qui ne lui permettait pas un si grand effort.

Le sentiment d'une légère fatigue, qui

est encore une autre variété de douleur, ne produit pas moins souvent des effets qui influent d'une manière avantageuse sur la constitution et la force des organes.

Qu'il est grand le nombre de gens chez lesquels le système des nerfs manque de l'activité nécessaire, et qui ne sauraient mieux faire que de rechercher des causes de fatigue! Combien d'autres dont l'estomac manque du ton qui lui est propre, et qui, pour remédier à ces défectuosités, principes de beaucoup de maux, ne sauraient trop se hâter de suivre le sage conseil que leur donne *Horace!*

......Tu pulmentaria quære sudando.

Sans doute ici la fatigue, développée dans le système musculaire, n'est pas la seule cause du bien obtenu; sans doute aussi l'inspiration d'un air nouveau ou plus pur, l'ébranlement des organes causé par la marche ou le travail, l'action musculaire plus prononcée, influent beaucoup sur ce bien. Mais nous ne pouvons nous dispenser également de tenir compte de l'influence de la fatigue développée dans les muscles, fatigue qui, en ébranlant le système nerveux, réveille son activité, agrandit son action, et en régularise les mouvemens. Cette influence a si bien été sentie, que les médecins hygiénistes qui recommandent le mouvement comme moyen préservatif ou curatif, ont eu le soin de le conseiller, *usquè ad defatigationem.*

Dans l'union des sexes, dans les actes qui précèdent cette union, dans l'intérêt même des sentimens moraux qui y conduisent, la douleur physique aussi bien que la douleur morale y jouent toutes deux un rôle souvent fort nécessaire. Si je devais discourir en faveur de la douleur morale, je dirais qu'il n'est personne à qui sa propre expérience n'ait démontré que l'amour, le sentiment le plus doux de la nature, perd toute sa vivacité, et s'éteint même promptement, s'il n'est mélangé d'inquiétudes et de ces peines légères que savent si bien faire naître les manéges de la coquetterie. Les poètes de tous les âges nous l'auraient appris si notre expérience restait muette :

Galla, nega, satiatur amor, nisi gaudia torquent,

disait Martial (1). Refuse-moi quelquefois, Galla; l'amour se rassasie bientôt si le plaisir n'est mêlé de tourmens (2).

---

(1) Liv. 4, épigr. 37.

(2) Tout ainsi que les stoïciens disent que les

La volupté, si ingénieuse lorsqu'elle craint pour ses jouissances, s'est empressée de recourir à la douleur physique lorsqu'elle a pu penser qu'elle trouverait en elle des moyens assurés de développer l'énergie des organes reproducteurs, et d'ajouter ainsi à ses plaisirs. Ici mille faits attestent la puissance de la douleur; mais, lorsque la volupté y a recours, elle n'a plus cette simplicité qu'approuve la nature. Elle s'est associée alors à la plus honteuse débauche, et par ses excès elle repousse tout être qui est doué d'une âme honnête.

Un jeune homme de Paris, dit *Lignac*, s'enfermait dans sa chambre où il se serrait la poitrine, le ventre et les membres avec des cordes à nœuds coulans, dont les bouts étaient fixés à des clous plantés dans les quatre murailles. Ce jeune homme, qui manqua de perdre la vie au milieu de ses expériences, avoua que la compression des ligatures occasionnait chez lui des sensations dé-

vices sont utilement introduits pour donner prix et faire épaule à la vertu, nous pouvons dire avec meilleure raison, et conjecture moins hardie, que la nature nous a prêté la douleur pour l'honneur et service de la volupté. (*Montaigne.*)

licieuses, qu'exprimaient fort vivement les organes générateurs (1).

A l'appui de ce fait, nous pourrions en citer deux autres non moins remarquables. Le premier fut communiqué à l'académie de chirurgie par *Bonnet*, de Clermont en Auvergne; l'autre a été rapporté par *Chopart* dans son excellent *Traité des maladies des voies urinaires*. Tous deux, conjointement avec beaucoup d'autres que connaissent les lecteurs instruits, ne laissent aucun doute que le plaisir et la douleur s'allient souvent ensemble, et cette concordance est pour bien des personnes d'une utilité non contestable. *Meïbomius* n'avait-il pas d'ailleurs indiqué dans son ouvrage, intitulé *De flagrorum usu in re venereâ*, la possibilité de cette alliance; et c'est surtout dans ce livre que l'on peut voir à quelles honteuses ressources certains hommes ont recours par amour pour des jouissances que la nature outragée ne leur permet plus de goûter sans l'intervention de la douleur (2).

---

(1) Lignac, *de l'Homme et de la Femme, Consid. physiq.*, tom. 1, p. 188.

(2) On peut consulter sur le même sujet Pros-

Dans certains cas d'anaphrodisie, genre de maladie signalé pour la première fois par *Sauvages*, *Sagar* et *Cullen*, on a vu quelquefois des coliques sourdes et continues rendre aux corps caverneux leur érectibilité et leur aptitude à retenir le sang dans les innombrables capillaires dont ils sont uniquement formés. Le célèbre *Frank* et *Lametterie* en ont fait la remarque. *Lorry* dans son *Tractatus de morbis cutaneis*, nous a laissé le fait d'un jeune homme qui, étant habituellement tourmenté par les plus vives démangeaisons, éprouvait le plus violent désir de l'union des sexes lorsqu'il se déchirait les chairs pour apporter quelque soulagement à son prurit. Ce phénomène est d'ailleurs tellement commun, qu'il n'est pas de praticiens qui n'aient pu en rencontrer de semblables.

Là se termine ce que nous avions à dire sur la douleur considérée physiologiquement.

Dans la première section nous avons vu ce sentiment physique venir à notre secours, et nous presser de satisfaire à

---

per Alpin, et surtout l'ouvrage de l'abbé Boileau, intitulé *Hist. des Flagellans*.

nos premiers besoins lorsque les sollicitations du plaisir s'étaient fait inutilement entendre.

Dans la seconde section nous retrouvons la douleur sous des formes aussi variées que dans la première, s'efforçant de nous arrêter dans le cours de nos excès, et militant même en notre faveur pour repousser les atteintes que ces excès pourraient porter à notre existence.

Enfin, dans la troisième partie, la douleur se présente à nous avec un caractère pathologique, il est vrai, mais ajoutant, multipliant ou régularisant les forces de quelques-unes de nos fonctions, en agrandissant l'action en quelque sorte, et les rendant plus parfaites que dans l'état de santé.

Nous allons voir maintenant l'art se saisir de la douleur, nous l'appliquer et nous la faire ressentir pour donner un plus grand développement à nos forces physiques, et nous assurer plus de pouvoir pour résister aux atteintes des maladies.

CHAPITRE II.

De la Douleur dans ses rapports avec l'Hygiène.

L'HYGIÈNE est, comme chacun le sait, cette science bienfaitrice qui, ayant pour objet l'étude de l'homme dans ses rapports avec la nature organique et inorganique, s'occupe spécialement des influences nuisibles ou favorables que les divers corps exercent sur ses organes. C'est par elle que l'homme apprend à se soustraire à l'action de certaines de ces influences, à rechercher les unes, à corriger ou modifier les autres, et à prévenir la foule de maux qui l'attendent et ne le frappent que trop communément sur le chemin épineux de la vie.

Qui le croirait! l'hygiène s'est emparée de la douleur; et, appuyée sur l'observation et l'expérience, ces deux principes de tout ce qui est positif, elle a su l'utiliser dans l'intérêt de la santé de l'homme.

L'un des premiers soins de cette science a été de s'intéresser à notre enfance, et de chercher à la familiariser avec les sensations les plus fortes et les plus opposées. C'est d'elle que nous apprîmes que, pour fortifier notre frêle machine lorsqu'elle est encore à son berceau, pour donner à nos organes toute la puissance d'action et de vie qu'ils sont susceptibles d'acquérir, pour augmenter la force de notre constitution, pour que nous puissions résister par cela même, avec plus d'assurance, aux causes de notre destruction, le moyen le plus assuré, le plus infaillible pour y parvenir, était de soumettre nos jeunes ans à une éducation sévère et mâle, de leur faire connaître les secousses de l'adversité, de tremper l'enfance, comme le disait *Rousseau*, dans l'eau du Styx, de la soumettre enfin aux aiguillons de tous les genres de douleurs.

C'est en exposant sans cesse les enfans à de pareilles épreuves (et combien de faits ne l'attestent-ils pas !), c'est en variant ces épreuves suivant les circonstances, mais en les proportionnant toujours à la faiblesse d'un âge aussi tendre, que l'on donne plus de stabilité et d'aplomb à leurs systèmes sensibles et contractiles ; que l'on fortifie la texture de ces systèmes ; que l'on agrandit l'étendue de leur action, et que l'on prépare pour les âges suivans une santé plus robuste, mieux affermie, et des plaisirs sans amertume.

« Loin d'être attentif qu'Emile ne se
» blesse, écrivait fort éloquemment le
» philosophe de Genève, je serais fort
» fâché qu'il ne se blessât jamais, et qu'il
» grandît sans connaître la douleur.
» Souffrir est la première chose qu'il doit
» apprendre, et celle qu'il aura le plus
» grand besoin de savoir. Il semble que
» les enfans ne soient petits et faibles
» que pour prendre ces leçons sans dan-
» ger. » Plus loin il ajoute : Concevez-vous quelque vrai bonheur pour aucun être hors de sa constitution? Et n'est-ce pas sortir l'homme hors de sa constitution que de vouloir l'exempter également de tous les maux de son espèce? Pour sentir les grands biens il faut que l'homme connaisse les petits maux. Si le physique va trop bien, le moral se corrompt (1).

---

(1) Qui sait, au printemps de son âge,
Souffrir les maux avec courage,
A bien des droits sur les plaisirs.
(Bernis, *Epit. sur la Paresse.*)

Si ces vérités étaient méconnues, si les applications en étaient contestées, l'histoire des peuples viendrait nous prêter appui, et défendre nos propositions. Consultons, en effet, les *Annales de Sparte;* interrogeons *Hérodote,* qui nous a transmis celles des anciens Perses; *Tacite,* qui nous a fait connaître les mœurs des Germains : là nous apprendrons que les femmes de ces peuples intrépides, loin de craindre et de repousser, comme les nôtres, tout ce qui pouvait blesser leurs enfans ou mettre en jeu leur sensibilité, les précipitaient en quelque sorte au-devant de la douleur en les soumettant à l'âpreté des froids les plus aigus, à l'action de la chaleur la plus insoutenable, aux tourmens de la faim, de la soif, de la fatigue, de l'insomnie, et aux coups même. *Lycurgue* fit plus. Il commanda que les enfans de Sparte allassent nus, exposés à toutes les injures des saisons; qu'ils fussent fouettés, déchirés même annuellement, à coups de verges, dans un temple consacré à Diane, parce qu'il entrait dans l'esprit de ses institutions que Lacédémone possédât pour citoyens des hommes forts, étrangers à toutes craintes, et non des êtres efféminés qui n'eussent pas su combattre pour la défense de leurs foyers et la protection qu'ils devaient à leurs dieux.

L'histoire des siècles nous présente un grand nombre de législateurs, de philosophes et de médecins, qui avaient bien jugé de l'heureuse influence d'une éducation agreste sur notre organisation. Beaucoup d'entre eux ont dû à cette éducation une longue vie et une force d'esprit peu commune. On sait comment fut élevé l'ami de Sully, le plus illustre comme le meilleur de nos rois. Qu'eût fait une éducation molle sur une organisation aussi heureuse? Elle eût probablement perverti ce beau caractère, et peut-être même qu'avec elle il n'eût jamais été le grand Henri, le loyal ami, et le père des peuples qu'il était appelé à gouverner.

Mais, parmi beaucoup d'autres, nous nous plaisons à recueillir ce que pensait plus particulièrement *Montaigne* à ce sujet. « Plus vous apprivoiserez les en-
» fans avec la douleur, nous dit ce véri-
» dique philosophe, plus vous leur ôterez
» la pointure de l'étrangeté, et plus aussi
» vous rendrez leur âme invulnérable et
» dure. Rompez-les à la peine et aux
» âpretés des exercices, pour les dresser
» à la peine et aux âpretés de la dou-

» leur, de la colique, du cautère, de » la geaule et de la torture. »

Nous bornerons là nos citations, quoiqu'il nous fût fort facile de les multiplier à volonté, et de nous appuyer des autorités les plus recommandables dans l'antiquité et les temps modernes. Tous les penseurs, tous ceux qui font autorité près de la raison humaine, ont tous dit que, par une éducation rude et sévère, non-seulement on ajoute à la puissance des forces physiques animales, qu'on leur donne plus de stabilité, de fixité en un mot; mais ils ont ajouté aussi que, par cette éducation, les enfans acquièrent incontestablement une plus grande vigueur morale; qu'elle les fortifie contre la crainte et le danger; qu'elle les guérit de l'importune sensibilité qui ajoute au mal, l'impatience de l'endurer; qu'elle leur apprend enfin qu'ils ne doivent jamais considérer la douleur comme le mal le plus grand et le plus cuisant qui puisse leur arriver.

Locke et *Rousseau* surtout attachent d'autant plus d'importance à ce genre d'éducation, qu'ils n'ont jamais ignoré qu'au physique comme au moral les enfans peuvent être et sont en effet tout ce qu'on veut qu'ils soient :

Ut quemque suum volt esse (natum) ità est,
disait Térence dans sa comédie des *Adelphes*.

Mais, lorsque nous nous déterminons à mettre en pratique des préceptes de cette nature, il est une remarque que nous devons faire, et que nous ne saurions oublier dans l'intérêt même de l'enfance. Pour que la douleur lui soit utile, pour qu'elle n'entraîne pas à sa suite des maux plus graves que les avantages que l'on recherche en elle, il faut qu'elle soit suivie d'une réaction organique proportionnée à sa force, réaction sans laquelle la vie serait évidemment compromise; il faut que la nature puisse se relever avec énergie sous le coup que la douleur lui porte. Trop fort, ce sentiment, loin d'ajouter à l'énergie des forces de la vie, en pervertirait le jeu ou en anéantirait l'action. Un médecin seul peut donc prononcer sur cette matière.

L'histoire nous cite cependant des peuples qui n'ont pas même craint la violence de la douleur. Tels ont été les *Lydiens*. Suivant le père de l'histoire, *Hérodote*, ils ne redoutaient nullement de recourir au feu, qu'ils appliquaient sur diverses parties du corps de leurs enfans. Ces peuples pensaient que, par de telles cautérisations, ils leur donnaient plus de force et une santé plus durable.

Mercurialis, qui vivait au seizième siècle, nous dit aussi que de son temps, en Toscane, on appliquait un fer rouge à l'occiput des enfans pour les préserver des affections catarrhales et de l'épilepsie.

Il paraît, d'après *Prosper Alpin*, que les Egyptiens se comportaient de même, et dans des vues en tout analogues à celles-ci.

On ne saurait donc méconnaître, quand on a pu apprécier toutes ces pratiques et leurs résultats définitifs, soit pour chaque individu, soit pour la grandeur des nations, quelle est la puissante influence de la douleur, et quels avantages prodigieux on peut en retirer lorsqu'on l'emploie comme moyen et comme puissance hygiénique.

Les bains froids ou glacés, tels que les prennent les peuples qui avoisinent les régions polaires, les frictions rudes, les chatouillemens adroitement ménagés, l'urtication, la flagellation même, ont tour à tour été conseillés et employés dans les mêmes intentions.

Comme les précédens, ces moyens agissent en suscitant divers modes de douleurs; en ébranlant par elles tout le système des nerfs ; en remontant les ressorts de son action; en facilitant la distribution du principe de la sensibilité dans toutes les parties constituantes de ce système; en lui assurant la puissance convenable pour l'exercice et la régularité des actes vitaux.

Devons-nous dire maintenant que, si la douleur ne doit pas être ménagée à l'enfance, parce qu'elle en retire des avantages incontestables pour son organisation physique et morale, les âges qui suivent ne doivent pas se la rendre plus étrangère dans les mêmes vues et pour les mêmes fins ?

Cette proposition effraiera sans doute cet essaim de sybarites qui ne voient de bonheur et de jouissances pour l'homme que lorsqu'il est plongé dans la mollesse, et rassasié de plaisirs et de volupté. Mais devons-nous nous en laisser imposer par leurs clameurs aussi impuissantes qu'est leur faible courage? Non assurément. L'homme, répéterons-nous encore, est né pour souffrir. Voilà son arrêt que lui a dicté le destin lui-même. Oserait-il le récuser? L'histoire de chaque individu, du puissant qui commande et du faible qui obéit, atteste ce que nous disons. Les nations elles-mêmes n'ont pas plus de droits au vrai bonheur que les individus. Tour à tour meurtries par les pesantes chaînes du despotisme, par les excès de la liberté et les fureurs de la démocratie, il faut qu'elles souffrent ; et leurs efforts pour changer de condition n'ont malheureusement d'autres résultats que de leur apprendre la vérité qu'elles voudraient méconnaître.

Souffrir, voilà donc ce que l'homme doit apprendre. S'il se soumet à cet arrêt au lieu de s'en plaindre, son âme en recevra et plus de force, et plus de vigueur. La prospérité ne l'aveuglera jamais. Loin de là même : le malheur sera pour lui une occasion de manifester la noblesse et la grandeur de son caractère. C'est alors qu'il aura le courage de répondre à la puissance injuste ou cruelle qui voudra l'humilier : *Que l'on me reconduise aux carrières!*

CHAPITRE III.

De la Douleur dans ses rapports avec la Pathologie.

La douleur, étudiée sous le rapport purement pathologique, considérée elle-même comme maladie, ou comme s'associant à toutes les lésions morbides qui sévissent sur l'économie animale, nous présente une série de considérations dont l'étude offre un genre d'intérêt qu'on ne saurait trop apprécier. En effet, elle entre comme partie essentielle ou principale dans un si grand nombre de maladies, elle se complique si souvent avec elles, qu'à l'exception d'un très-petit nombre, on ne saurait sans elle concevoir la plus grande partie des maux auxquels nous sommes sujets. Souvent la douleur précède ces maux, ou les développe; plus souvent encore elle les fortifie, les soutient et les termine. Sans doute elle est le plus ordinairement une compagne fort fâcheuse qui aggrave, qui complique les autres symptômes qui caractérisent les maladies;

sans doute son acuité, sa violence, sa continuité sont avec juste raison redoutées par le médecin et le malade; sans doute encore le médecin ne saurait trop faire pour lui opposer, *lorsqu'il le peut*, toutes les ressources de son art pour suspendre les tortures qu'elle cause, l'adoucir, l'anéantir même dans un grand nombre de cas. Mais combien n'est-il pas d'autres circonstances où, lorsqu'elle est modérée, la douleur se présente à nous avec des caractères et des avantages dont nous ne saurions récuser l'utilité? Que d'occasions multipliées qui s'offrent chaque jour au praticien, où son premier devoir est de l'exciter si elle existe déjà, de la faire naître même, pour diminuer la violence de certains actes morbides, en régulariser d'autres, faire taire la souffrance d'un organe qui semble particulièrement accablé par le mal; pour favoriser certaines terminaisons des maladies, ou prévenir le développement d'accidens redoutables. Bientôt nous justifierons toutes ces assertions par des exemples assez multipliés et assez authentiques pour qu'aucunes d'elles ne laissent du doute dans notre esprit. Maintenant nous avons à prouver par anticipation que la douleur, principe constituant, élément essentiel de presque toutes les maladies, *est d'une utilité positive* pour le développement et la régularisation de leur marche. Le phlegmon, l'inflammation la mieux connue comme la plus vulgaire, nous servira d'exemple. Le médecin qui aura bien saisi le caractère de cette maladie, qui par sa nature ne diffère en rien des phlegmasies membraneuses et viscérales, celui qui connaît la dépendance réciproque des divers symptômes qui constituent cette inflammation, se permettra-t-il jamais de diriger ses moyens thérapeutiques contre la douleur seule, sans chercher en même temps à combattre de front les phénomènes qui dépendent plus spécialement de l'action vasculaire, comme la rougeur, la chaleur et la tuméfaction? Non assurément. S'il combat directement la douleur, c'est dans le cas seul où elle est prédominante, et où elle pervertit l'acte inflammatoire par son intensité. Si au contraire elle est modérée, si elle se balance convenablement avec les autres symptômes, le médecin ne peut et ne doit rien faire contre elle. Il ne l'attaquera alors que par les moyens qu'il pourra opposer avec succès à tous les symptômes réunis. Si, poussé par d'aveugles systèmes encore trop communs au siècle où nous vivons, le médecin s'écarte de la route tracée par les grands maîtres de notre science; s'il méconnaît les lois vitales qui régissent nos organes; s'il attaque la douleur sans songer à modérer l'action vasculaire : qu'arrivera-t-il? Par ses sottes erreurs il jettera les forces vivantes dans la prostration la plus complète, et la gangrène, en venant mettre un terme aux souffrances de ses malades, lui fera connaître ses fautes, et la nécessité pour lui de revenir à de meilleurs principes.

Ces considérations ne sont pas moins applicables aux douleurs qui se montrent aux approches des crises des maladies. Près de ces douleurs le médecin doit rester simple spectateur, et son rôle est d'autant moins actif alors qu'il s'aperçoit que la maladie s'améliore vers le temps de leur apparition, et qu'elles entrent dans les vues aussi secrètes qu'incompréhensibles de la nature. *Hippocrate*, *Arétée*, *Cœlius* chez les anciens; *Baillou*, *Fernel*, *Duret*, *Houllier*, *Sydenham*, *Boerhaave*, *Hoffmann*, *Freind* chez les modernes, nous ont signalé dans leurs immortels écrits la conduite que nous devions tenir dans ces cas divers; et certes ce ne serait pas sans danger que nous nous permettrions de suivre des bannières différentes. Ecoutons d'ailleurs ce qu'a dit à ce sujet un médecin de ce siècle, qui par ses travaux s'est placé au premier rang parmi ses contemporains : « Un grand nombre de douleurs locales, de céphalalgies, de pleurodynies, de coliques, peuvent être considérées comme des affections particulières qui, ne s'étendant pas jusqu'au système des vaisseaux, n'en sont pas moins des mouvemens de la nature, dont le but est de réparer quelque désordre caché dans les lois organiques du corps humain; et si ces douleurs sont souvent chroniques, c'est précisément parce que le système vasculaire auquel les crises et les solutions des maladies paraissent particulièrement attribuées, n'y prend aucune part, et que la résistance vitale se trouve trop faible (1). »

---

(1) Alibert, *Traité des Fièvres pernicieuses*, quatrième édition, page 169.

Ainsi donc, soit que nous considérions la douleur, 1.° comme prévenant le développement d'une maladie grave ; 2.° soit qu'au contraire, accompagnant les maladies, elle en régularise la marche, en soutenant les actions nerveuses et vasculaires ; 3.° soit qu'elle fixe, qu'elle détermine les sécrétions critiques, ce phénomène a des avantages multipliés en pathologie, qu'il serait dangereux d'ignorer. Entrons dans l'examen de chacune de ces propositions, et voyons d'abord s'il est vrai que la douleur prévient quelquefois le développement de maladies beaucoup plus à redouter qu'elle ne l'est elle-même.

SECTION PREMIÈRE.

PREMIÈRE PROPOSITION.

La douleur prévient quelquefois le développement de plusieurs maladies.

Les faits qui répondent à cette première proposition pathologique sont tellement multipliés, et si bien avoués par l'expérience, que le doute ne peut avoir aucun droit sur notre croyance. Les médecins observateurs savent tous qu'il n'est pas rare de rencontrer dans la pratique des personnes atteintes de vives douleurs dans toute l'étendue des extrémités abdominales, douleurs que l'on désigne sous le nom vulgaire de courbature, et qui, s'associant en outre à quelques autres avant-coureurs des maladies, annoncent que les individus soumis à leur examen vont être frappés par l'une d'elles. *Lassitudines spontè obortæ morbos denunciant*, disait *Hippocrate* (1). Ces douleurs sont-elles faibles, et le foyer de la maladie est-il peu intense, bientôt elles s'évanouissent, et avec elles les autres symptômes concomitans. Leur disparition est-elle trop brusque, le médecin dépourvu d'expérience a-t-il imprudemment dirigé sans méthode des saignées ou des narcotiques contre ces douleurs, nous voyons paraître soudain ou une phlegmasie aiguë, une pleurésie surtout, un délire furieux, ou une affection intestinale, phénomènes fâcheux, et qui doivent, comme l'a fort bien remarqué le grand homme que nous venons de citer, inspirer les craintes les plus vives pour la vie des malades. J'ai rencontré ce fait une fois chez une personne instruite

(1) Sect. 2, Aphorism. 3.

qui, dans ses loisirs, aimait beaucoup la lecture des livres de médecine. Elle éprouvait, avant que je ne fusse appelé, des douleurs très-vives dans les cuisses et les jambes, et en outre un léger dérangement dans les fonctions digestives. Cette personne se fit saigner *suâ sponte*; elle se fit frotter en outre toute l'étendue des deux membres abdominaux avec un corps gras, fortement opiacé. Les douleurs cessèrent dès la première application. La tête devint douloureuse et rouge; il se manifesta un peu de délire qui bientôt devint furieux. Appelé dans cet instant, je crus reconnaître une phlegmasie des meninges; je dirigeai mon traitement d'après ces vues, mais tout fut inutile. Le malade périt le sixième jour, après la rétrocession de sa douleur, justifiant en cela *Galien* qui regardait ce jour dans les maladies comme le plus malheureux, comme le tyran des jours critiques. *Le grand Sydenham* a signalé des faits parfaitement analogues, qui doivent être sans cesse présens à la pensée des praticiens.

Quel rôle la douleur joue-t-elle dans cette circonstance? Nous dirons que la douleur, dans les faits de cette nature, modifie, brise, change la direction vicieuse des forces; qu'elle les empêche de se concentrer sur les foyers de la vie, et de produire une fièvre grave. *Grimaud* pouvait donc dire, à l'époque où il vivait, que la fièvre dans ces cas existe réellement; mais qu'elle est contrainte, empêchée, masquée par la douleur, au point qu'elle ne peut développer aucun signe de son existence (1).

Parmi les douleurs préservatives des fièvres, nous pourrions encore compter celles qui résultent de l'application des vésicatoires, des sétons, des moxas, des cautères de diverses sortes, que *Bonnet*, *Harris*, *Forestus*, *Thomas Willis*, *Lieutaud*, *Vicq-d'Azir* ont employés avec l'intention formelle de prévenir la contagion des diverses sortes de typhus, et de la peste même. On ne saurait, je crois, contester les succès de ces irritans dans plusieurs épidémies

(1) *Traité des Fièvres*, premier vol., p. 40. Les prosélytes de M. Broussais (et je suis l'un des siens pour tout ce qu'il y a de démontré dans ses opinions) trouveront fort ridicule l'opinion de Grimaud. Je ne jugerai pas entre le professeur de Paris et celui de Montpellier; je laisse cette grande tâche au temps et à l'expérience des siècles, qui, mieux que les contemporains, jugeront cette grande question.

de ces affreux fléaux. Dans quelques cas, il est vrai, ils n'ont pas toujours répondu à l'attente du médecin : mais s'ensuit-il qu'ils n'ont jamais été utiles ? Nous ne le pensons pas. Quel est le remède d'ailleurs dont la vertu thérapeutique est constante? Les humoristes exclusifs prétendront peut-être accorder à la suppuration que fournissent ces ulcérations artificielles tous les bons effets que l'on a obtenus d'elles. Nous leur demanderons alors par quels procédés le flux purulent seul pourrait amener de pareils résultats? Quelle que soit leur réponse, la physiologie de nos jours, bien assurément plus raisonnable qu'elle ne l'était lorsqu'elle se trouvait défigurée par les théories de *Paracelse*, de *Vanhelmont*, de *Sylvius de Leboé*, et même de *Boerhaave* (1), pourrait s'expliquer mieux en disant que les douleurs causées par les exutoires donnent à la puissance nerveuse la force de réagir sur le système des absorbans, qui refuse dès-lors d'admettre dans l'intérieur des vaisseaux dont il se compose, les miasmes putrides qui assiègent

(1) Voyez *Histoire de la Médecine*, par Kurt Sprengel, cinquième volume.

leurs embouchures. Cette même puissance dans ces cas ne réagit pas avec moins d'efficacité sur les organes digestifs et respiratoires; et telle est même la force que ces organes peuvent en recevoir, qu'ils peuvent sans peine détruire, décomposer ces mêmes miasmes lorsqu'ils pénètrent dans leur cavité, et annihiler leur action.

Si nous consultons les écrits des médecins observateurs, nous les trouvons surchargés de faits qui attestent que la douleur a un pouvoir réel dans mille occasions différentes pour nous préserver des atteintes d'une foule de phlegmasies. Les douleurs goutteuses ont surtout cet heureux et important privilége. On sait que *Raymond* s'est complu à en recueillir des preuves multipliées à l'article *Goutte* de son *Traité des maladies qu'il est dangereux de guérir. Musgrave*, *Mead*, *Robinson*, *Grant*, *Barthez* se sont également accordés à nous les signaler comme un des bienfaits les plus grands que puissent recevoir certains vieillards, et comme un gage assuré pour eux d'une carrière beaucoup plus longue, pour peu qu'ils soient menacés ou même atteints d'un catarrhe suffoquant, d'une pneumonie, d'une apoplexie, etc...... Lorsque ces douleurs tardent à revenir à des époques réglées, ou lorsqu'étant survenues, elles diminuent ou cessent avec trop de promptitude, mille maux menacent souvent les malheureux chez lesquels de pareils accidens surviennent.

Mais citons des exemples.

Un malade, nous dit *Raymond*, ne pouvant supporter les cruelles douleurs de sa goutte, prit de l'opium pour en diminuer la violence. La douleur ne tarda pas à disparaître; mais elle fut instantanément remplacée par une affection nerveuse du cœur et des poumons qui lui causa promptement la mort (1). *Tissot* nous parle d'une personne qui éprouvait depuis long-temps une douleur fort vive à la jambe, sans que cette personne eût jamais été goutteuse. Elle eut l'imprudence de fomenter cette partie souffrante avec une substance grasse et spiritueuse qui anéantit à souhait ses douleurs. A cette disparition succéda un tremblement général, des bégaiemens, des étourdissemens qui firent craindre une attaque d'apoplexie. La malade, qui autrefois avait été à Plom-

(1) Ouvrage déjà cité.

bières, se hâta d'y retourner. La douleur de jambe revint, et les accidens ci-dessus indiqués disparurent (1).

Sauvages a connu deux individus qui étaient promptement frappés d'épilepsie lorsqu'ils cessaient d'être tourmentés par de simples douleurs goutteuses qui avaient fixé leur domicile habituel aux pieds.

Cheyne a rencontré bon nombre de fois des hypocondriaques atteints de douleurs dans diverses parties du corps, et qui étaient promptement frappés d'hémiplégie lorsqu'imprudemment on cherchait à suspendre ces douleurs sans avoir préliminairement combattu les causes qui les déterminaient (2). On sait d'ailleurs que l'hypocondrie est le produit commun de divers genres d'irritations, d'engorgemens abdominaux avec surcharge du système veineux abdominal. On ne sait pas moins que les hémorroïdes qui fluent, que les sangsues appliquées à l'anus soulagent beaucoup le plus grand nombre des per-

---

(1) *Traité des Maladies nerveuses*, vol. 3, pag. 187.

(2) The english malady, or a treatise on nervous diseases off. all Kinds, in-8.°

sonnes soumises aux maux si diversifiés qui caractérisent cette singulière maladie. Par quel procédé la douleur suspendait-elle les symptômes qui affligeaient les hypocondriaques observés par *Cheyne?* Nous pensons que dans ces cas, comme dans tous ceux que l'on pourra observer, la douleur agit en produisant une diversion à l'affection principale; en attirant à elle les fluides qui engouent le système de la veine porte; en concentrant ces fluides autour du point dolent, comme le ferait une ventouse, pour me servir d'une heureuse comparaison que fit naguère *Prosper Alpin* lorsqu'il indiquait le mode d'influence de la douleur sur les systèmes organiques.

Les observations recueillies et rapportées par *Brendel* confirment peut-être nos explications. Suivant ce médecin, il a souvent vu des hypocondriaques et des femmes hystériques chez lesquels il survenait des gonflemens prodigieux des veines des membres thoraciques et abdominaux lorsque de vives céphalalgies qu'ils éprouvaient, et qui semblaient entretenir une sorte de congestion dans les capillaires du cerveau, venaient à cesser. Le même auteur a observé un homme qui était atteint depuis plusieurs années d'une sciatique, et chez lequel il se produisait un cirsocèle, des varices aux pieds et aux mains lorsque sa névralgie le faisait peu souffrir, ou lorsqu'elle disparaissait pour un certain temps. Revenons aux exemples qui constatent que la douleur peut prévenir les maladies.

Une femme âgée de quarante ans, marchande foraine, d'un tempérament lymphatique, vint au mois d'avril dernier me consulter pour une douleur assez vive qu'elle disait ressentir dans la région lombaire. Le genre de vie de la malade, ses habitudes, le lieu de sa demeure, et quelques autres antécédens, me firent penser que j'avais à soigner *un lumbago*. L'état du pouls ne me permettant pas de songer à une saignée générale ou locale, employée avec tant de succès, lorsqu'il y a pléthore, par *Boerhaave*, *Cullen*, *Pringle*, *Haller*, *Barthez* et *Ponsard*, je prescrivis une tisane légèrement laxative, et des frictions résolutives et sédatives sur le lieu malade. Deux jours après disparition de la douleur, et développement d'une manie rémittente bien prononcée.

J'ai connu une personne, dit *Houl-*

lier, qui depuis plus de quarante ans était affligée d'une migraine pour laquelle la médecine ne trouva aucun moyen de soulagement. Un médecin lui ayant conseillé de se laver souvent le front avec de l'eau froide, elle fut guérie de cette migraine; mais bientôt après l'œsophage fut atteint d'un engorgement squirrheux qui ne tarda pas à la faire périr (1).

Thomas Willis parle d'une femme qui devint aveugle parce qu'on parvint également à la guérir d'une hémicranie à l'aide de divers médicamens topiques (2).

Olaus Borrichius nous cite une dame, mère de six enfans, qui était souvent affligée par des crampes de poitrine, des serremens de la région du cœur, toutes les fois que deux cautères qu'elle portait ne lui faisaient *aucun mal*. Tous ces symptômes qu'accompagnait une forte dyspnée, disparaissaient aussitôt que la douleur se développait de nouveau sur les deux surfaces ulcérées. *Rommelius* cité par *Dehaen*, *Helvig*, *Bartholin*, *Buchner*, *Viridet*, nous offrent tous des faits semblables.

---

(1) *De morb. inter.*

(2) *Tract. de Anim. brut.*, part. 2.

Lorsqu'un long et fastidieux traitement a été employé contre les affections herpétiques, il arrive souvent qu'elles semblent céder, et qu'elles abandonnent en totalité le tisssu cutané sur lequel elles développent leurs ravages avec une si fâcheuse prédilection. Dans beaucoup de ces cas, loin que leur principe ait été détruit, il conserve encore dans l'économie animale une sorte d'*incognito* qui lui permet tôt ou tard de déployer de nouveau toutes ses fureurs. Dans ces circonstances, que le médecin ne saurait trop étudier, il arrive quelquefois que certains malades, après la disparition de leurs dartres, ressentent des douleurs locales plus ou moins vives, plus ou moins étendues, et ordinairement très-opiniâtres. Si l'on a recours contre ces douleurs à des moyens actifs, répercussifs ou narcotiques qui puissent en suspendre le cours, on risque de déterminer le départ du principe de ces douleurs, de l'entraîner sur l'un des principaux organes de la vie, et d'occasionner diverses phlegmasies, des lésions organiques multipliées, et par suite des hydropisies incurables. Lorsqu'on connaît les tristes résultats de ces déplacemens forcés, on abandonne à l'ignorance tous les moyens de répercussion, et la témérité qui les emploie (1). Madame Dub...., âgée de soixante ans, avait été sujette, il y a plus de vingt années, aux atteintes de l'*herpes furfuraceus volitans*. Cette maladie disparut lorsque cette dame entra dans sa quarante-neuvième année, époque de la cessation de ses règles. Depuis cette disparition la malade éprouvait presque habituellement une petite douleur qui correspondait aux cartilages des deux dernières côtes sternales du côté gauche. Plusieurs fois elle me consulta sur la nature de cette douleur qui lui causait beaucoup d'inquiétudes; elle craignait, me disait-elle, qu'elle ne fût menacée d'une maladie cancéreuse au sein. Pensant que cette douleur pouvait avoir quelques rapports avec la maladie

---

(1) Voyez l'*Encyclopédie*, part. chirurg., vol. 1, p. 379. Ces réflexions, que nous consignons dans cette première partie, s'appliquent à toutes les maladies chroniques où la douleur a acquis une intensité dominante; et, comme l'a fort bien remarqué *Dumas* dans son traité trop diffus sur ces maladies, leurs phénomènes sont souvent liés à des changemens qu'il ne faut pas contrarier par l'action des narcotiques : ce qui ajouterait aux difficultés de les combattre.

herpétique précédente, et ne pouvant soupçonner aucune autre cause, je lui conseillai de faire un usage habituel de la décoction de tiges de douce-amère, et des eaux de Cauteret coupées avec le lait. Nous ne pûmes obtenir aucune amélioration. La malade avait soixante ans lorsque la douleur disparut à la suite de plusieurs applications de cataplasmes narcotiques contre lesquels je m'étais prononcé. L'affection dartreuse reparut au cou avec les caractères du *squammosus madidans* du docteur *Alibert.* Un médecin qui fut appelé pendant mon absence, crut devoir faire disparaître promptement cette incommodité. Six semaines étaient à peine écoulées après la guérison de cet herpès, que la malade fut prise d'un engorgement fort douloureux au col de l'utérus, qui la conduisit en six mois au tombeau.

Nous citerons encore le fait d'un riche propriétaire de Chartres, qui était tourmenté depuis six ans par les démangeaisons intolérables du *prurigo formicans*, affection qui ne s'était montrée qu'à la suite d'une sciatique qui avait affligé ce malade pendant trois ans. Cette personne n'éprouvait de véritables soulagemens que lorsque cette douleur nerveuse se montrait pendant quelques jours. Deux fois même, depuis la naissance du prurigo, la douleur se maintint pendant deux ou trois mois, et fit totalement disparaître pendant ce temps les milliers de petites pustules qui constituent cette affection de la peau.

SECTION II.

DEUXIÈME PROPOSITION.

La douleur régularise la marche de plusieurs maladies en soutenant et maintenant l'action nerveuse et vasculaire dans le type qui convient le mieux à une bonne terminaison; en faisant dériver le principe de la maladie d'un organe qui joue un grand rôle parmi nos fonctions, sur un autre qui est subalterne.

Plusieurs des oracles de notre science ont signalé ces vérités pathologiques. *Grimaud*, de Montpellier, à qui nous devons d'excellentes vues en physiologie, et qui était familier avec les anciens, nous assure qu'il a vu plusieurs fois des fièvres dépendantes d'une affection locale, guérir avec promptitude lorsqu'il se manifestait pendant leurs cours des douleurs fort vives et instantanées. *Van Swieten*, dont la vaste érudition nous a laissé des trésors inappréciables, a consigné dans son *Commentaria in Hermanni Boerhaave aphorismos* le fait d'une femme qui, pendant qu'elle était atteinte d'une fièvre continue, éprouvait en même temps une douleur très-aiguë dans les muscles postérieurs de la jambe gauche. On couvrit cette partie dolente de compresses imbibées d'eau-de-vie. La douleur s'évanouit deux heures après; un délire affreux lui succéda, et le lendemain la malade périt dans les convulsions. Très-probablement la douleur formait chez cette malade un centre d'action vers l'extrémité inférieure gauche, qui combattait en quelque sorte la tendance très-prononcée qui existait à la formation d'une phlegmasie des meninges.

Dans sa dissertation sur la fièvre jaune qui a régné à Philadelphie, *Devèze* a constaté dans cette épidémie que, lorsqu'une douleur plus ou moins forte venait à se montrer et à se fixer dans une partie extérieure, les divers symptômes de cette fièvre redoutable perdaient beaucoup de leur intensité ; et qu'au contraire le délire et la mort survenaient promptement si cette douleur ne se manifestait point, ou disparaissait trop tôt.

Samoïlowitz observa dans la peste de Moscow que le pouls chez ses malades avait plus de force et de régularité lorsqu'ils ressentaient des douleurs de tête. La céphalalgie disparaissait-elle, le battement de l'artère devenait petit, faible, inégal, fréquent, insensible même. Dans ce dernier cas la mort était constamment inévitable, suivant le médecin russe. Pouvons-nous méconnaître dans ces faits l'influence favorable de la douleur pour soutenir l'action nerveuse et vasculaire, si prodigieusement affaissée dans certains cas de peste et de typhus ictérode? Nous ne le croyons pas.

Mais dans aucune affection peut-être, la douleur, *lorsqu'elle est légère*, n'est plus utile que dans la classe des phlegmasies : sans elle ces maladies ne se présenteraient le plus ordinairement qu'avec des caractères fâcheux. Ce sentiment entre comme partie constituante tellement nécessaire des inflammations franches, il est si utile à la régularité de leur marche, qu'il est aussi dangereux de ne pas rencontrer de douleur, ou de la voir cesser sur-le-champ, que de la trouver au milieu des phénomènes inflammatoires avec le caractère de la plus grande acuité. En effet, si la douleur ne marche pas de concert avec les autres symptômes de l'inflammation, si elle est nulle ou trop peu prononcée, la maladie est plus susceptible de passer à l'état chronique; elle détériore, elle métamorphose les tissus qui composent l'organe souffrant, menace le malade d'autres maux plus insidieux qu'elle, et presque constamment incurables. Si tout au contraire la douleur, après s'être montrée parmi les autres symptômes de l'inflammation, cesse trop brusquement, cette disparition annonce dès-lors que le système nerveux ne prend plus aucune part aux réactions locales ou générales, qu'il se forme des métastases funestes, ou que la gangrène est imminente. Les inflammations adynamiques et ataxiques en fournissent chaque jour de malheureux exemples.

Le premier devoir du médecin, dans les phlegmasies, est donc non de détruire d'emblée la douleur qui en forme l'un des élémens principaux et des plus nécessaires, mais bien de la modérer lorsqu'elle est trop forte; de l'exciter si elle est au-dessous du degré convenable; de la maintenir enfin dans des proportions favorables à une bonne solution des maladies. C'est ainsi que se comportent les chirurgiens dans tous les cas d'inflammation du tissu cellulaire : ils appliquent des émolliens si la douleur est trop aiguë, et ils rejettent avec raison les narcotiques qui ne pourraient qu'éteindre la sensibilité dans le lieu malade. Ils emploient des topiques excitans si la douleur n'est pas assez prononcée; ils font plus : ils s'arment de caustiques, même du fer incandescent si la douleur s'évanouit trop tôt, ou si elle n'est point assez exaltée. Telle est en effet la conduite qu'ils adoptent dans certaines parotides ataxiques, dans la pustule maligne, inflammation essentiellement gangréneuse (1).

(1) Ces réflexions peuvent s'appliquer à toutes les phlegmasies internes. C'est ainsi que *Barthez* dit en parlant de l'inflammation des muscles : « Dans la méthode analytique du traitement du rhumatisme aigu, la douleur est un des élémens

Si la douleur est un élément nécessaire à la régularité de la marche des phlegmasies, lorsqu'elle siége sur le lieu même où est la fluxion, elle ne se montre pas avec des caractères moins avantageux lorsque sur le *decrementum* de ces maladies elle se déplace pour se porter près ou loin de l'inflammation. Ici le rôle de la douleur est en partie changé. Lorsqu'elle faisait partie de la fluxion, elle maintenait tous ses symptômes dans une sorte de balancement, de pondération favorable à la résolution ou à une suppuration louable. Lorsqu'elle s'en distrait pour se porter ailleurs, elle brise les liens qui semblent enchaîner les uns aux autres ces mêmes symptômes ; elle détruit leurs rapports et leur fixité, en même temps qu'à cette distance elle soutient encore le ton des parties affligées. C'est ainsi qu'il n'est pas rare dans la pleurésie, maladie bien distincte de la pneumonie, quoi qu'en aient dit *Haller*, *Tissot*, *Cullen* et *Portal*, de voir la douleur

---

de l'affection totale, qu'on ne doit pas vouloir détruire absolument dans tous les cas. Il est seulement essentiel de la combattre lorsqu'elle s'élève à un certain degré. »

abandonner la membrane séreuse enflammée pour se fixer sur les épaules et les mains, et contribuer par cette translation à une guérison plus prompte d'une maladie fort dangereuse. *Triller*, qui a si bien disserté sur la pleurésie, a donné le transport de la douleur pleurétique sur les parties que nous venons de désigner, comme le signe le plus assuré d'un prompt rétablissement (1).

Nous appliquerons la même remarque à la pneumonie, maladie où l'on voit assez souvent la douleur, qui est plus obtuse que dans la pleurésie, se transporter sur les parties qui recouvrent la clavicule, le scapulum, le bras, et même le dos; régions qui toutes, comme l'a fort bien remarqué *Stoll* dans sa *Médecine pratique*, sympathisent très-activement avec le poumon (2).

Dans le catarrhe suffoquant, dans plusieurs maladies soporeuses, on voit encore avec plaisir un sentiment de douleur se développer spontanément sur quelque partie externe. Quelquefois

---

(1) Triller, *Succinta commentatio de pleuritide ejusque curatione*, 1740, in-8.°

(2) On peut aussi voir sur le même sujet Van Swieten, ouvrage déjà cité.

même l'art est obligé d'en exciter dont les résultats ne sont pas moins précieux pour le malade. Dans le catarrhe surtout la poitrine doit à une légère douleur le privilége qu'elle acquiert alors de se débarrasser plus promptement par d'abondantes expectorations. Cette influence bienfaisante de la douleur est d'autant plus assurée, que les systèmes nerveux et muqueux exercent l'un sur l'autre une puissance d'action qu'on ne saurait contester.

De toutes les phlegmasies, celle où la douleur se montre avec le plus de constance et de violence, c'est la goutte. Eh bien ! cette intensité même, cette violence, cette acuité ont leur avantage, puisque l'expérience démontre tous les jours ce qu'avait déjà dit *Sydenham*, qu'elle abrége alors la longueur des accès, et qu'en soutenant l'action des capillaires sanguins et lymphatiques, elle prévient la rétrocession de l'inflammation et ses nombreuses anomalies. La douleur au contraire est-elle faible, les accès goutteux sont plus longs, plus réguliers et plus susceptibles de ces fâcheux déplacemens qui deviennent la source d'affections très-diversifiées, et promptement mortelles.

La douleur dans la podagre est donc un remède très-amer, il est vrai, mais utile pour précipiter les actes locaux qui constituent la goutte articulaire, pour maintenir l'action des vaisseaux dans un rythme favorable à la production de crises d'autant plus heureuses pour les malades, qu'ils paraissent devoir être plus assures de parcourir une longue carrière sans voir la maladie se renouveler (1).

Lorsque les douleurs goutteuses se développent dans une ou plusieurs articulations des membres chez un individu actuellement atteint d'une maladie grave par sa nature, menaçante par ses résultats, elles amènent souvent la solution heureuse de cette maladie, soit que ces douleurs agissent en ce cas à la manière des révulsifs ordinaires, soit qu'elles fixent sur les articulations, comme le disait *Barthez*, un principe goutteux dévié de ses routes naturelles. On dit alors que la goutte est critique. Nous en reparlerons au prochain chapitre.

La douleur, sous des formes singulièrement variées, entre encore comme élé-

---

(1) *Dolor amarissimum naturâ pharmacum ægro de vitâ prospicit*, disait *Sydenham*.

ment de la formation des hémorragies actives. C'est elle que le médecin retrouve dans les sentimens de pesanteur, de compression, de dilatation, de démangeaisons, de tiraillemens qui se font si souvent ressentir dans les parties où le flux sanguin doit établir son siége, ou dans le voisinage de ces parties. En se fixant sur le lieu qu'a choisi la nature pour l'évacuation du sang, elles amènent, elles décident plus promptement les hémorragies. C'est ainsi par exemple que, dans le *molimena hæmorroïdalia*, la douleur qui se fait ressentir dans les régions lombaires et sacrées annonce, sollicite et détermine l'hémorragie anale. *Dolores in lumbis eruptiones sanguinis significant,* disait *Hippocrate* (1).

Sans doute, lorsque les hémorragies actives ne sont pas salutaires, et telle est l'hémorragie cérébrale, la douleur qui les dénonce et concourt à leur production ne peut être utile. Mais le plus ordinairement ces hémorragies présen-

---

(1) Le même auteur dit encore dans ses *Prorrhétiques* : Lumbis dolentibus cardialgia accedentes sanguinis per hemorroïdas erupturi signa sunt. *Voy.* aussi *Dreyssig* du *Diagn. medical.*

tent un caractère tout opposé ; et ainsi que le démontre chaque jour l'observation, elles préviennent, lorsqu'elles sont modérées, les maladies inflammatoires les plus graves. J'ai donné mes soins à une jeune dame d'un tempérament lymphatico-sanguin, qui n'était pas toujours bien réglée. Lorsque sa menstruation était troublée, elle éprouvait une série d'accidens nerveux qui altéraient prodigieusement son existence. Ces accidens ne s'amélioraient ou ne disparaissaient même que lorsque cette dame ressentait de légères douleurs dans le centre de l'organe pulmonaire. Vingt-quatre ou trente-six heures après leur premier développement, il survenait un peu d'oppression, signe manifeste de la congestion sanguine qui s'établissait alors, et bientôt après un crachement de sang fort abondant décidait la cessation de tous ces phénomènes. Depuis plusieurs années les règles se sont régularisées, et cette dame n'a jamais cessé, depuis cette époque, de jouir de la santé la meilleure.

Dans les maladies chroniques la douleur qui se fait ressentir dans les parties malades tend plus généralement à les perpétuer, et à dénaturer les tissus affectés. Il est cependant des exceptions que nous ne devons point passer sous silence. Dans quelques inflammations anciennes par exemple, une douleur un peu vive qui se développe spontanément, ou que l'art détermine avec ménagement en excitant l'action vasculaire, ramène toutes les propriétés vitales de l'organe malade au type le plus convenable à une bonne guérison. Très-souvent des ophthalmies chroniques, durant depuis plusieurs mois, guérissent avec une promptitude surprenante lorsqu'on a bassiné la conjonctive palpébrale avec un collyre fortement astringent, qui suscite une douleur un peu vive dans les parties enflammées. J'ai donné quelques soins à une jeune femme qui souffrait depuis six mois d'un rhumatisme chronique au genou gauche, et pour lequel la médecine avait tout tenté inutilement. Elle guérit très-peu de jours après qu'étant tombée de voiture elle éprouva une légère torsion de la jambe malade, qui produisit une douleur fort vive. J'ai aussi connu un écrivain public, à Paris, qui depuis dix-huit mois était retenu chez lui par une sciatique qui le gênait beaucoup pour la marche. Ayant eu l'imprudence de coucher une nuit les fenêtres ouvertes, il éprouva des douleurs extraordinairement vives, ce qui ne lui était pas arrivé depuis un an. Trois semaines après il était guéri.

Il existe aussi un bon nombre d'engorgemens, de tumeurs indolentes qui ne s'acheminent vers la guérison que lorsqu'il se développe quelques douleurs dans leur centre. Les tumeurs scrophuleuses sont quelquefois dans ce cas. On sait aussi que la douleur qui se manifeste dans les membres de quelques rachitiques, en remontant l'action nerveuse, contribue à la guérison de cette maladie.

SECTION III.

TROISIÈME PROPOSITION.

La douleur fixe et détermine les sécrétions critiques.

Lorsque les maladies sont parvenues à leur *decrementum;* lorsqu'il se prépare des crises favorables; lorsque la nature dirige tous ses mouvemens dans le sens de ces crises, la douleur intervient avec des caractères d'utilité non moins grands que dans les circonstances qui ont été l'objet des sections précédentes, soit que la douleur prépare ou décide la crise, soit comme crise elle-même. Mais pour parvenir à une telle fin, pour susciter, créer même des mouvemens critiques, elle doit :

1.° Ne se montrer que vers la fin du cours des maladies; tout ce qui est critique, observait *Baglivi*, ne se manifestant jamais dans leur *incrementum* ou leur *status*;

2.° Elle doit faire renaître dans certains organes l'activité qu'ils ont perdue; elle doit y accélérer la circulation languissante; y rétablir les sécrétions suspendues ou supprimées, et opérer ainsi la solution de divers engorgemens chroniques, et l'expulsion des fluides altérés;

3.° Elle doit se montrer loin des viscères malades, dans des parties où elle puisse impunément produire des tumeurs salutaires (1). S'il survient des douleurs aux parties éloignées des viscères dans les maladies aiguës, disait l'*oracle de Cos*, et que ces douleurs

---

(1) *Quibus ex morbo resurgentibus aliquid dolet, ibi abscessus fiunt*, sect. 4, aph. 32.

s'y maintiennent éloignées, c'est un signe favorable, lorsque surtout elles se montrent un jour décrétoire avec quelques rudimens de coction, et que les lieux sur lesquels elle dirige la métastase ont assez de capacité pour contenir toute l'humeur morbifique (1). Nous pouvons citer, pour appuyer cette sentence, plusieurs exemples tirés du livre des *Epidémies*. Tels sont ceux que nous offrent *Héropyte d'Abdère; la Vierge du même endroit; Clazomène, celui qui occupait le jardin de Déalcès; un Clazoménien qui demeurait près du puits de Phrynichide; et Hérophon* (2). Au premier livre des *Epidémies* on trouve encore cette phrase : La

---

(1) *Prorrhétique*, liv. 1.

(2) Vers la fin des maladies aiguës, les douleurs des membres sont quelquefois salutaires, a dit aussi M. *Landré Bauvais*; elles annoncent des sueurs critiques ou des exanthêmes de même nature. (*Séméïotique*, aph. 744.)

C'est donc un fait à peu près constant que les douleurs continues aux extrémités, sur-tout aux pieds, sont d'un heureux présage dans les maladies aiguës. Seules, elles ne forment cependant pas toujours une crise complète; si elles ne sont pas accompagnées d'évacuations, elles peuvent être suivies de rechute.

fièvre s'adoucissait à la suite de la strangurie et des douleurs. De tous ceux qui éprouvèrent ces symptômes, aucun ne périt, dit *Hippocrate*.

Nous devons observer cependant qu'il n'est pas d'une absolue nécessité, pour que les douleurs puissent être favorables, qu'elles se fassent ressentir dans les membres. Elles peuvent se développer dans l'une de nos grandes cavités viscérales, et porter encore avec elles un cachet d'utilité. Tous les bons observateurs ne l'ignorent pas. *Double*, par exemple, a noté dans son excellente *Séméïologie générale* que les douleurs abdominales, suivies de borborygmes, sont souvent un très-bon signe dans le décroissement des maladies. Elles produisent quelquefois des évacuations alvines (1).

4.° Enfin les douleurs, pour être critiques ou pour produire des crises, doivent être fixes. Si elles sont vagues, elles ne sont plus également utiles. Loin de là même : elles annoncent alors des rechutes d'autant plus assurées que ces douleurs s'accompagnent d'insomnies et d'abattement des forces.

(1) Double, *Séméïotique générale*, tome 2, page 526.

Ainsi, au lieu de chercher à combattre les douleurs qui surviennent vers le décroissement des maladies, le médecin praticien s'attachera à les bien reconnaître pour en favoriser le développement. S'il y mettait quelque obstacle, le malade pourrait courir les plus grands périls. *Baglivi*, dans son livre *des Crises*, nous assure qu'il a connu ces dangers, et qu'il ne peut mieux faire que de nous recommander d'éviter les purgatifs en pareilles occurrences, si nous voulons éviter de contrarier les desseins de la nature.

Pour concourir à la guérison des maladies, nous pouvons donc dire, avec *Dumas*, que la douleur agit :

1.° Ou par les perturbations qu'elle cause;

2.° Ou par les actes médicateurs qu'elle provoque;

3.° Ou par l'excitation qu'elle produit. Tous les phénomènes qu'elle développe se rapportent à l'un de ces trois modes d'action. Nous allons les étudier dans les diverses classes de maladies. Lorsque nous parcourons les écrits des divers auteurs qui ont parlé de la fièvre inflammatoire, nous rencontrons rarement la douleur former l'une de ses crises. Nous en trouvons cependant un exemple dans *Hérophonte*, le troisième malade du livre 1.er des *Epidémies* d'*Hippocrate*. Chez ce malade la crise se fit partie par une douleur des jambes, partie par une tumeur de l'aine gauche. *Primùmque tumor ei subortus est quà lieni directè respondebat : deindè dolor ad utramque tibiam transiit mox facilè.* *Baillon* et *Hoffmann* nous en fournissent chacun un autre exemple. Dans le *causus*, nous dit encore le médecin de Cos, s'il survient à l'ischion des douleurs plus ou moins vives, ces douleurs annoncent la guérison, et concourent à la produire (1). L'une des fièvres les plus fâcheuses qui sévissent sur l'espèce humaine, *la fièvre hémitritée* s'améliore également lorsqu'il survient dans le ventre *des douleurs violentes* qui augmentent à de certaines heures. Suivant *Hoffman*, qui a observé plusieurs fois de ces sortes de douleurs, elles anéantissent la fièvre soit qu'elles se montrent seules, soit qu'elles s'accompagnent de diarrhées sanieuses, ou d'un écoulement de sang de couleur noirâtre.

---

(1) Liv. *des Crises*, parag. 53.

Les malades ne sont pas moins soulagés, dans beaucoup de cas, par des douleurs qui se manifestent dans la région des parotides vers les approches du décroissement de certaines fièvres ataxiques, ou dans le centre des pustules charbonneuses de la peste d'Orient. Elles hâtent la formation d'un dépôt purulent, souvent très-salutaire, et préviennent par ce procédé, et par les actes médicateurs qu'elles provoquent, la terminaison fâcheuse de ces redoutables maladies. *Tumores circà aures in morbis longis non suppurantes, lethales* (1). *Vallesius, Louis Mercati, Marc-Aurèle Séverin, Baglivi, Lancisi* avaient quelquefois recours au feu pour ajouter à ces douleurs primitives, exciter l'action des vaisseaux, et décider la suppuration que d'autres praticiens au contraire cherchent à prévenir.

Dans la fièvre milliaire décrite par *Aufauvre* (2), lorsque la crise était proche, que la peau devenait tendue, pouls plus souple, plus plein et mieux

(1) *Coacæ prænot.*, sect. 1re.

(2) *Mém. de la Société roy. de Méd.*, année 1781.

développé, on voyait des douleurs fort vives s'emparer du cou et des lombes des malades, et qui, en complétant les excrétions critiques, favorisaient la guérison.

Si la surdité survient dans certaines fièvres, sans les faire cesser, le délire est prochain. Mais ce délire se dissipe par des douleurs aux hanches, aux genoux, qui se déclarent conjointement avec un flux bilieux. *(Hippocrate.)*

Il est un autre bon signe que l'on remarque assez souvent dans les fièvres qui se prolongent; et c'est celui qu'offrent les urines lorsqu'elles sont rendues *cum aliquo dolore*, disait *Albertini*. C'était le moyen de crise le plus avantageux dans les fièvres graves qu'*Hippocrate* a mentionnées dans sa seconde constitution, section 2e. *Vallesius* donne également beaucoup de valeur à ce signe dans les pirexies. *Stranguria autem his diuturna et laboriosa erat urinœ; autem his erant multœ, crassœ, variœ et rubrœ et mixtœ purè cum dolore*, écrivait aussi *Galien*.

La classe des phlegmasies n'est pas moins riche en faits qui constatent l'utilité de la douleur comme crise. *Mor-*

gagni raconte dans son admirable ouvrage *de Sedibus et Causis Morborum*, épit. 57, qu'il souffrait d'une inflammation des deux yeux, qui avait presque toute la violence d'un chémosis. « J'avais employé, dit-il, toutes sortes » de remèdes, et je pensais avec mes » amis qu'il fallait avoir recours au » plus tôt à une saignée ; mais je voulus » auparavant expérimenter si un pédi» luve et de légères frictions sur les » pieds ne m'apporteraient pas quelque » soulagement. Dès la seconde fois que » je fis usage de ces moyens, voici une » douleur vive qui se fait ressentir à » la jointure de l'orteil droit avec le » métatarse, et qui m'anonce l'arrivée » de la goutte. Elle s'accrut dans la » nuit. L'inflammation de l'œil dimi» nua aussitôt, et disparut les jours » suivans. Cet accès de goutte fut très» léger, comme pouvait s'y attendre » un homme qui n'avait jamais rien » éprouvé d'un tel mal non plus que » ses pères. Cette attaque terminée, je » ne ressentis plus rien de la goutte par » la suite, si ce n'est, cinq ans après, un » très-faible accès au genou gauche. »

Le père de la médecine nous rapporte aussi que ceux qui sont atteints d'une longue diarrhée avec toux n'en sont délivrés que lorsqu'il leur survient de vives douleurs aux pieds (1). J'ai rencontré ce fait une fois dans ma pratique chez un négociant qui avait l'habitude de bien vivre, et de boire son vin sans eau. Sa diarrhée qui durait depuis deux mois, et à laquelle un régime fort excitant donnait très-probablement des forces toujours nouvelles, fut supprimée instantanément par la manifestation d'une assez forte douleur avec gonflement léger dans l'articulation tibio-astragalienne. Nous croyons ces faits fort rares. On peut en rapprocher cependant ce qui a été observé dans une dyssenterie épidémique qui a régné en 1811 dans le district d'Annecy. Plusieurs malades atteints de diarrhée ne guérissaient sans crainte de rechute que lorsqu'il leur survenait des douleurs vives et comme rhumatismales dans les bras, les jambes et diverses articulations (2).

On observe non moins souvent des douleurs critiques dans les inflammations des membranes séreuses. *Boerhaave*, en

(1) Liv. *des Crises*, parag. 61.
(2) *Journal général de Médecine*, tom. 44.

parlant de la phrénésie que tous les bons esprits ne considèrent plus maintenant que comme une inflammation de la séreuse cérébrale, nous assure qu'il a souvent vu les douleurs qui surviennent à la poitrine ou aux extrémités des personnes atteintes de cette maladie vers les approches de sa terminaison, favoriser singulièrement les crises. *Lieutaud* a fait de semblables observations (1).

Dans la pleurésie aiguë nous avons vu que les douleurs qui se fixent à l'épaule apportaient un allégement marqué à la douleur pleurétique, en diminuant probablement, par la diversion qu'elle produit, les symptômes inflammatoires.

Maintenant nous allons retrouver ces mêmes douleurs faisant partie des crises de cette maladie, les complétant même, et fournissant un signe tellement heureux que *Quarin*, célèbre praticien de Vienne, a pu dire dans ses *Animadversiones practicae*, sans compromettre sa science dans le pronostic, qu'il n'avait jamais vu périr aucun des malades chez lesquels s'étaient manifestées de pareilles douleurs. Il rapporte d'ailleurs

---

(1) Lieutaud, *Méd. pratiq.*, tome 1.

une observation qui constate si bien les avantages des douleurs dont nous parlons, que nous croyons bien faire en la citant textuellement.

« On transporta il y a quelques an-
» nées, dit *Quarin*, à l'hôpital des Frères
» de la Miséricorde, un jeune homme
» affecté d'une pleuro-péripneumonie
» très-grave, et entièrement négligée
» jusqu'alors. On employa tous les re-
» mèdes qui paraissaient convenir à la
» nature de la maladie; mais la fièvre,
» forte et consomptive, faisait tous les
» jours de nouveaux progrès. A cette
» fièvre se joignaient l'enflure des pieds,
» une si grande oppression, que le ma-
» lade ne pouvait respirer sans avoir
» pour ainsi dire le corps droit ; et
» enfin des crachats purulens du plus
» mauvais caractère, mais en petite
» quantité. Dans cet état malheureux,
» et presque désespéré, le malade se
» plaignit *d'une douleur assez forte*
» entre les deux épaules, douleur qui
» soulageait un peu la respiration. Je
» fis aussitôt appliquer des cataplasmes
» émolliens sur la partie douloureuse,
» et je commençai à concevoir quelque
» espérance; car je savais par l'obser-
» vation de *Triller* qu'une douleur de

» cette espèce avait été salutaire dans » une pleurésie des plus graves. L'évé- » nement ne tarda pas à justifier mon » espérance, car le malade rendit bien- » tôt par les urines, et par les selles, » une grande quantité de pus; il cracha » en même temps avec la plus grande » facilité des matières purulentes d'une » meilleure nature, et il recouvra une » pleine et parfaite santé. »

Le fait rapporté par *Van Swieten* n'est pas moins curieux. Il donnait ses soins à un homme malade d'une pleurésie pour laquelle il avait ordonné avec quelques succès deux saignées. La douleur pleurétique persévérait cependant avec assez de force, lorsque le quatrième jour il survint de très-vives douleurs aux gros orteils, qui emportèrent la maladie comme par une sorte d'enchantement. Le malade, ajoute *Swieten*, n'avait jamais eu la goutte aux pieds, et il n'a pas appris qu'il en ait eu depuis (1).

Les phelgmasies des jointures, la goutte et le rhumatisme articulaire sont surtout entravés dans leurs marches, et souvent même guéris avec une promp-

(1) *In aphorism.*, Boerh., parag. 888.

titude surprenante lorsqu'il se manifeste une douleur éloignée qui rompt l'enchaînement de leurs symptômes. *Hippocrate*, qui avait signalé la férocité des douleurs que causent ces phlegmasies, nous a appris en outre qu'il avait vu plusieurs fois des coliques soulager ces douleurs, et même les guérir lorsqu'elles s'accompagnaient de quelques évacuations (1).

Mais les douleurs articulaires elles-mêmes, les douleurs goutteuses surtout, anéantissent une foule de maladies qui portent avec elles les caractères les plus fâcheux. On a vu par exemple un grand nombre de fois la seule manifestation d'une douleur goutteuse faire cesser instantanément divers symptômes nerveux, ou ceux d'une hypocondrie ancienne.

Lorry fait mention, dans son traité *de præcipuis Morborum mutationibus et conversionibus*, in-12, p. 280, d'une aliénation mentale née, il est vrai, à la suite d'une métastase goutteuse, mais qui avait déjà dix années d'existence, lorsqu'elle se dissipa entièrement par

---

(1) *In 6 épid.*, text. 3.

une attaque de goutte aux pieds, laquelle fut violente, mais ne fut pas suivie d'autres accès. Nous rapporterons encore le fait publié par *Lanzoni*, dans les *Éphémérides des curieux de la nature*, d'une femme qui était sujette à l'épilepsie depuis vingt-cinq ans, et qui en fut délivrée par une douleur goutteuse qui la prit à l'un des pieds.

La douleur ne produit pas de moins bons effets pour suspendre, arrêter et terminer la marche des phlegmasies parenchymateuses. *Boerhaave*, en particulier, a signalé la douleur qui se montre dans la région de la rate, conjointement avec d'autres signes avantageux, comme un phénomène qui annonce et favorise une bonne terminaison de l'hépatitis. J'ai donné mes soins à quelques personnes atteintes de cette maladie; je n'ai jamais rencontré cette particularité annoncée par le célèbre professeur de Leyde : mais je puis affirmer avoir observé deux cas d'hépatitis où des douleurs de coliques assez vives, suivies d'évacuations abondantes, terminèrent heureusement cette phlegmasie. Nous pourrions aussi parler des douleurs qui favorisent la guérison de la pneumonie; mais, pour ne pas nous répéter, nous renvoyons à ce que nous avons dit sur la pleurésie.

Quant aux hémorragies actives, nous avons déjà vu la douleur soutenir le ton des vaisseaux capillaires d'où s'écoule le sang, et les empêcher de tomber dans cette sorte d'adynamie qui leur est propre, source ordinaire des hémorragies passives. Mais là ne se borne point son rôle. Elle peut encore suspendre ou même arrêter pour toujours une hémorragie active et inquiétante.

En voici un exemple :

Une demoiselle de Dijon, d'une haute stature, douée d'une constitution assez forte, ayant d'ailleurs l'esprit cultivé et une menstruation irrégulière, était sujette depuis quelques années à une hémoptysie presque journalière pour laquelle elle consulta les médecins les plus habiles. (Cette excrétion sanguine paraissait étrangère à toute lésion organique du poumon.) Au mois d'avril dernier elle ressentit des douleurs de colique d'une violence telle qu'au moment où je fus appelé, tout son système musculaire était agité par de forts mouvemens convulsifs. Les sangsues, les bains, les mixtures opiacées n'eurent pas le moindre succès. Une potion où entraient l'assa fœtida et l'ammoniac, parut en suspendre le cours. Depuis la cessation de cette cruelle colique, Mlle.... ne crache plus le sang; et aujourd'hui 20 juin tout semble annoncer qu'il est plus que probable qu'elle n'a plus à redouter ce fâcheux accident.

J'ai également observé un homme de quarante ans qui était atteint d'une pareille maladie, et qui n'en guérit que lorsqu'il lui survint une douleur rhumatismale au bras gauche.

Une dame de cinquante-trois ans, ayant des pertes qui commençaient à alarmer ses parens et ses amis, ne fut définitivement guérie que par l'apparition d'une hémicranie périodique.

La douleur se retrouve aussi parmi les crises des vésanies. *Hippocrate*, qu'on ne peut se dispenser de citer lorsqu'il est question de bonnes observations, avait déjà dit que ceux dont la guérison spontanée est suivie de manie, sont délivrés de cette dernière maladie par de vives douleurs aux pieds ou à la poitrine (1). *Sarcone* a fait depuis la même observation. *Guillaume Grant* a également vu l'hypocondrie se ter-

(1) Liv. *des Crises*, parag. 65.

miner par des coliques qui tourmentaient pendant un temps plus ou moins long les malades qui avaient été soumis à son examen. Des faits semblables sont aussi rapportés par *Malcom Fleming*, *Charles Perry*, *Fracassini* et *Klœkof*. Une foule de douleurs nerveuses, de névralgies sont aussi guéries par le développement d'autres douleurs. *Dolor dolorem sedat*, disait le prince des médecins, qui connaissait bien cette vérité pathologique. Cette sentence a porté les médecins à recourir aux frictions rudes, aux vésicatoires, aux moxas, aux cautères actuels, pour soustraire une foule de malades aux douleurs atroces que causent certaines névralgies. En dolorifiant quelques parties du système nerveux, en ébranlant toutes les ramifications qui le composent, ils cherchent à faire cesser la douleur qui fait le désespoir des malades. Nous traiterons de ces douleurs artificielles dans la section suivante.

Nous ne présenterons ici que des exemples de guérison de douleurs anciennes par le développement d'autres douleurs spontanées. *Hippocrate* va nous fournir notre première preuve. Dans les vives douleurs qui se font ressentir à la tête et aux parties supérieures, appliquez des ventouses, dit ce grand homme. Mais s'il survient des douleurs à l'ischion ou aux genoux, elles déterminent la guérison. Le même auteur assure encore au livre *des Crises*, §. 80, que l'iléus que *Cullen* et *Pinel* regardent comme une maladie purement spasmodique, est souvent guéri par des douleurs aux jambes.

Une éclampsie dolorifique observée par le docteur *Desgranges*, de Lyon, et qui dura vingt ans, ne laissa de repos au malade que lorsqu'il lui survint de légères pustules autour des narines, et une douleur très-forte au côté gauche de la tête (1).

Dans la paralysie, la douleur ne se présente pas avec des avantages moins précieux pour les malades. On sait que de tout temps les médecins séméïologistes ont considéré la douleur qui survenait dans un membre paralysé comme d'un bon augure pour la guérison. Ils ont borné là leurs considérations. N'auraient-ils pas mieux fait s'ils avaient ajouté qu'en même temps que ces dou-

(1) Voyez *les Annales de Montpellier*, année 1814.

leurs annonçaient que les nerfs malades récupéraient les conditions qui leur sont propres pour l'exécution de leurs fonctions, ces douleurs ébranlaient aussi à leur tour tout le système sensible, et accéléraient la guérison? L'observation suivante prouve, je crois, ma proposition : le nommé Dugitgros fut attaqué, à l'âge de soixante-six ans, de paralysie à l'extrémité inférieure du côté droit, à la suite d'un violent accès de colère. La cuisse, la jambe et le pied furent privés de mouvement pendant deux mois, et ne le recouvrèrent qu'à l'aide d'un traitement excitant. Parvenu à l'âge de soixante-dix ans, il éprouva soudainement une paralysie complète de l'avant-bras et de la main du côté gauche par la joie qu'il eut de retrouver ses enfans que depuis long-temps il n'avait vus, et qu'il croyait morts. Deux vésicatoires appliqués successivement, l'un à la partie interne, l'autre à la partie externe du bras, des frictions avec le liniment volatil, ont ramené insensiblement la contractilité dans les muscles qui meuvent l'avant-bras, et quelques jours après dans ceux qui font agir la main et les doigts. Une circonstance remarquable, c'est que le retour de la contractilité animale a toujours été précédé de douleurs très-aiguës dans les muscles qui en avaient été privés, en sorte que le malade pronostiquait sa guérison à mesure qu'il éprouvait ces douleurs. Cette observation appartient à feu *Hébréard*, chirurgien en chef à Bicêtre (1).

André a aussi observé un paralytique qui, pour surcroît de maux, avait perdu la vue, l'ouïe, et les facultés de l'entendement. Son insensibilité diminuait toutes les fois qu'il survenait chez ce malade une douleur au bas des reins avec ardeur d'urine. En nous parlant de la tympanite, *Monro* nous a tracé l'histoire d'une femme qui ne dut sa guérison qu'à des douleurs qui se manifestaient à plusieurs reprises sur diverses parties du corps.

Nous bornons là nos citations ; nous pourrions en rapporter un plus grand nombre : mais leur multiplicité ne prouverait pas plus que toutes celles que nous avons rapportées. Il n'en est pas une qui ne nous ait démontré jusqu'à l'évidence que la douleur est souvent un instrument

---

(1) *Bulletin des Sciences médicales*, novembre 1807.

que la nature emploie dans l'intérêt de notre existence, et que le médecin ne saurait trop étudier les cas où il peut en tirer un grand parti pour amoindrir les maux qui nous menacent, ou même pour les détruire entièrement.

CHAPITRE IV.

De la Douleur dans ses rapports avec la Thérapeutique.

Il y a plus d'un siècle qu'un poète qui n'était pas sans mérite, malgré le jugement contraire porté par *Laharpe*, a dit :

> Il est des maux de difficile cure ;
> Les remèdes en sont d'autres maux apparens.

Cette pensée de *Lamothe*, que nous appliquerons à la médecine, est l'expression simple de tout ce que contiendra ce chapitre. Notre tâche se bornera à développer toutes les vérités thérapeutiques qu'elle comporte.

Il est, en effet, une multitude de circonstances dans la science hippocratique où le médecin ne saurait mieux faire, lorsque les maladies qu'il est appelé à diriger se présentent à lui avec un caractère d'opiniâtreté alarmante, lorsqu'elles n'ont cédé à aucun des remèdes internes dirigés contre elles, que de recourir à divers procedés qui tous ont pour but de développer une douleur plus ou moins vive, soit qu'il puisse obtenir cette douleur seule, ou bien accompagnée d'inflammation, de pustules, d'escharres, et de suppuration. Assurément ce sentiment physique, quelle que soit d'ailleurs sa force, ne peut rien contre les profondes altérations organiques, contre ces transformations de tissus qui font si souvent le désespoir des médecins. Mais s'il est vrai que ces altérations des tissus, que l'on étudie avec un zèle si louable au siècle où nous vivons, découlent d'irritations négligées ou méconnues, d'inflammations chroniques si communes pour qui sait les observer, si mal jugées et traitées par les médecins routiniers, il restera hors de doute que la douleur que l'on saura faire naître avec discrétion dans quelques-unes de nos parties extérieures, ne pourra qu'exercer une influence favorable sur ces actes morbides en brisant les élémens qui semblaient les constituer, et les maintenir à l'état de chronicité.

Le thérapeutiste peut faire plus. Loin de se borner à produire de la douleur sur le système cutané, il peut encore porter quelques-uns de ses instrumens sur les surfaces de nos membranes muqueuses les plus profondes, et y exciter des douleurs dont les résultats ne seront pas moins avantageux que ceux qu'occasionnent les douleurs plus superficielles. C'est ainsi que, par des purgatifs actifs, par des lavemens âcres, par des fumigations de tabac dirigées sur la surface muqueuse intestinale, il ébranle le système nerveux des ganglions; il réveille sa sensibilité engourdie chez les asphixiés, certains apoplectiques, les cataleptiques, chez quelques hystériques. Dans toutes les maladies avec stupeur, résolution des forces; dans les affections soporeuses, la douleur qu'excite le médecin est souvent encore le seul moyen sur lequel il fonde toutes ses espérances. S'il veut décider un mouvement fébrile dans toute l'économie animale, s'il veut ébranler tout le système vasculaire, la douleur qu'*Hoffmann* appelait l'aliment de la fièvre, est pour lui le plus sûr moyen d'y parvenir. Mais lorsque nous avons recours aux moyens dolorifères, gardons-nous bien, dans le plus grand nombre des cas, d'exciter une trop forte douleur; ménageons les stimulans si nous ne voulons pas obtenir des effets fâcheux au lieu du bien que nous cherchions. Une jeune et jolie femme fut atteinte, il y a dix ans, d'une maladie grave que son chirurgien crut être une fièvre ataxique. Le dix-septième jour de sa maladie, après une amélioration notable, la malade fut prise d'un spasme à la gorge, qui effraya non sans raison peut-être l'homme auquel elle avait accordé sa confiance. Celui-ci, redoutant la suffocation pour sa malade, et n'osant se fier à des moyens dont l'action fut trop lente, fit appliquer à la plante de chaque pied une compresse ployée en quatre, que l'on trempa dans l'eau bouillante. La douleur, résultat de cette application, fut extrême; la malade l'exprima par les cris les plus aigus, et deux minutes après elle n'était plus. Cette vérité d'observation a été sentie par tous les bons observateurs. Elle n'avait point échappé à *Darwin*, qui s'exprime ainsi en parlant des trop vives stimulations : « Les forts stimulans causent de la douleur en même temps qu'ils produisent de l'irritation. Le stimulus de cette douleur détermine non-seulement des contractions musculaires, mais aussi la volition. Mais quelquefois si plusieurs stimulans agissent en même temps, par leur association ils

» produisent une excitation tellement » violente, qu'elle épuise toute la puis- » sance sensoriale. Une paralysie com- » plète ou la mort en sont alors les ré- » sultats (1). »

Mais lorsque la douleur est ménagée en proportion de la sensibilité de l'individu, ses effets sont tout autres. Dans certains cas elle donne au principe de vie de nouvelles forces; dans d'autres elle transporte de l'intérieur à l'extérieur des irritations toujours dangereuses lorsqu'elles se développent dans la profondeur de nos organes; quelquefois elle déplace certaines concentrations de la sensibilité; elle fixe une douleur vagabonde, ou l'atténue lentement par l'irritation dont elle est la source, ou par la suppuration qu'amène cette même irritation; enfin la douleur est curative, parce que, comme le disait *Gaubius* dans son excellente *Pathologie*, elle introduit des changemens nombreux dans nos fonctions; que pas une seule n'échappe à son influence, et que par cette influence elle détruit les actes morbides auxquels on l'oppose.

(1) *Zoonomie*, vol. 1, p. 146.

Quant aux moyens proposés pour exciter de la douleur, ils sont aussi multipliés que la douleur elle-même peut présenter de nuances différentes : mais tous n'ont pas la même énergie. Il en est qui ne produisent que des douleurs purement locales; d'autres en excitent dont les irradiations s'étendent à des distances plus ou moins grandes de l'endroit primitivement irrité. Il en est enfin, comme les fers rouges, les moxas, qui ébranlent quelquefois tous les systèmes organiques avec une telle force, que pas un n'échappe à l'influence des douleurs qu'ils causent (1). Les agens dolorifères ne se bornent pas toujours à produire uniquement de la douleur. Quelques-uns suscitent en même temps des érithèmes, des phlogoses sur le lieu où ils sont appliqués. Quelques autres, comme la flagellation, l'urtication, les frictions rudes, déterminent en outre des papules de diverses sortes. Il en est qui, comme les vésicatoires, les légères brûlures, soulèvent l'épiderme, et causent des phlyctènes. Enfin il y en a d'au-

(2) Voyez *Percy. Pyrotechnie chirurgicale pratique.*

tres qui, conjointement avec une inflammation plus ou moins vive, produisent des escharres, et une suppuration abondante à laquelle on ne saurait refuser quelquefois la part qu'elle a dans beaucoup de guérisons. Cependant gardons-nous bien de donner, comme les anciens, trop d'importance à cet écoulement de matière. Ceux qui entraînent l'inflammation la plus vive, la suppuration la plus grande, sont loin de produire un plus grand nombre de guérisons. Plus au contraire la douleur est vive, profonde, mais courte, plus le succès du moyen qui la produit est assuré. Il n'est pas rare de voir la maladie cesser au moment même du développement de la douleur. Dans le courant de l'année 1812, une jeune fille se présenta à la consultation de M. le professeur *Dupuytren*, dont je m'honore d'être l'ami et l'élève. Depuis six mois elle était tourmentée par des hoquets continuels. Les bains, les antispasmodiques avaient été inutilement employés. M. *Dupuytren* proposa à cette malade l'application du cautère actuel sur le point qui correspond au centre phrénique. Ce moyen fut adopté immédiatement. Le cautère chauffé à blanc était à peine appliqué, que le hoquet disparut pour ne plus revenir. Comment les humoristes, qui veulent que la suppuration soit pour tout dans les faits de cette nature, expliqueraient-ils la guérison de cette jeune fille? Je l'ignore. Les anciens, qui, au lieu de forger des systèmes, ne savaient qu'observer, avaient des idées plus justes du mode d'action des moyens dolorifères, et particulièrement du cautère actuel. Aucun parmi eux n'est tombé dans cette erreur, qui n'apprécie les effets du feu que par la suppuration qui vient à sa suite. Ils avaient sagement et soigneusement distingué l'action primitive de ce grand agent, de ses effets consécutifs. En cela ils ont été imités par *Pouteau* que les chirurgiens des provinces ne lisent point assez, et qui leur apprendrait toute l'étendue des ressources qu'ils peuvent retirer du feu. Voici comment s'exprimait ce célèbre chirurgien en parlant du rhumatisme : « Que la suppuration excitée par le » feu ne puisse beaucoup coopérer à » la guérison d'une partie rhumatis- » mée, cela est hors de doute; mais » ce serait méconnaître la vraie ma- » nière d'agir du feu si on bornait la » brûlure à ce faible avantage, qu'il

» est si facile de se procurer à moins » de frais (1). »

Il est cependant des cas où la suppuration paraît devoir réclamer à elle seule toute la guérison. En voici un exemple :

Un propriétaire, cultivateur des environs de Mirebeau, était atteint depuis six années d'une maladie des entrailles. Souffrant beaucoup dans la région de l'estomac, et près de l'ombilic; éprouvant en outre de la chaleur, de la pesanteur dans les parties dolentes, il se détermina à consulter un homme dont les talens justifieraient tous les éloges. A cette époque ce malade avait perdu tout appétit; il n'éprouvait aucune altération, il est vrai : sa peau n'avait point changé de couleur ; son pouls conservait son rythme habituel; son embonpoint était à peine altéré; mais il ne pouvait prendre aucun aliment sans ajouter beaucoup à ses douleurs et à ses angoisses, et sans être forcé de se mettre au lit où il ressentait quelque soulagement. Nous ajouterons qu'il était constipé, et que beaucoup de gaz s'échappait habituellement par les issues du canal digestif. La maladie ayant

(1) *Œuvres chirurg.*, vol. 1, page 267.

été regardée comme le résultat d'une tumeur développée au-devant de l'estomac, cet individu fut mis à l'usage des sucs d'herbes, des pilules savonneuses, mercurielles et aloétiques, et des eaux de Vichy. Il n'obtint aucune amélioration dans son mal. Il vint me consulter sur ces entrefaites. L'ayant palpé avec attention, je ne pus découvrir aucune tumeur, et je pensai dès-lors que l'on avait pris pour telle la partie supérieure très-développée des muscles droits de l'abdomen; erreur très-justifiable, puisqu'elle a été commise par des anatomistes du plus grand mérite.

Je jugeai qu'il était plus probable que les phénomènes ci-dessus décrits étaient dans la dépendance d'une inflammation chronique de l'estomac, ou de quelques parties de l'intestin. Croyant à l'inutilité de tous les remèdes intérieurs, je proposai un large moxa sur le point le plus douloureux; il fut accepté, et appliqué de suite : le malade souffrit peu. Pendant les quinze premiers jours il ne se manifesta aucune amélioration; il n'en survint que lorsque la suppuration commença à poindre. La douleur, les nausées, les aigreurs cessèrent en grande partie, et en raison directe de l'abondance de la suppuration. La plaie une fois fermée, le malade vint me retrouver pour me dire que, depuis la cicatrisation de sa brûlure, les maux qu'il éprouvait commençaient à reprendre plus d'intensité, et que l'appétit qu'il avait recouvré se perdait de nouveau. Nous lui appliquâmes un second moxa; le mieux est revenu avec la suppuration : le malade est aujourd'hui parfaitement guéri.

Passons en revue maintenant les divers moyens auxquels le médecin a recours pour susciter de la douleur dans nos organes.

Le plus énergique, le plus assuré dans ses effets, celui qui compte le plus grand nombre de succès, c'est sans contredit le feu, qu'on l'applique à l'aide du fer rouge à blanc, ou par l'intermède d'une matière combustible que l'on brûle plus ou moins vîte. Tels sont les moxas. Quelle que soit la matière à laquelle on donne la préférence, les effets sont à peu de chose près les mêmes. Si le fer rouge produit une douleur plus vive, plus instantanée, les moxas en causent une plus prolongée, qui souvent doit faire réclamer pour eux la préférence. *Hippocrate* avait connu tous les excellens effets qu'un médecin habile et prudent pouvait en retirer. Aussi brûlait-il du lin sur la partie postérieure et supérieure de la cuisse dans la sciatique. *Celse* pratiqua aussi cette opération. Dans ces temps modernes il est beaucoup de médecins qui ont imité les anciens. L'érudit *Van Swieten* appuie surtout beaucoup sur l'importance pour tout médecin de savoir dans les spasmes et les convulsions vaincre un spasme par un autre. Il parle longuement à ce sujet de la méthode hippocratique, et du louable usage des fers rouges appliqués sous la plante des pieds dans la colique et diverses maladies convulsives.

Dans une foule de catarrhes et de rhumatismes chroniques, dans beaucoup de névralgies, la douleur causée par le feu a produit des résultats non moins favorables. Mais c'est surtout, dit *Pouteau*, dans les phthysies qui ne se montrent vers l'extérieur par aucune douleur contre nature, par aucun engorgement qui indique le point du plus grand embarras, qu'il faut investir les poumons de toutes parts, *les attaquer par les puissantes commotions nerveuses que peut causer la douleur du moxa*; commotions qui les réveillent de l'inertie sous laquelle ils languissent opprimés par les humeurs qui les engorgent.

Les hémorragies cèdent aussi fort souvent à une douleur vive et en quelque sorte inattendue. *Zacutus* parle d'une maladie de cette nature qu'aucun remède ne pouvait arrêter, et qui fut suspendue sur-le-champ par la douleur que causa un cautère actuel appliqué à la plante des pieds.

Quant aux fonticules, aux exutoires que les praticiens emploient tous les jours pour suspendre la marche d'une maladie, ou pour la guérir, on ne saurait trop quelquefois donner la préférence aux moyens qui causent le plus de douleurs. Les anciens, qui avaient mieux apprécié que nous l'influence de ce sentiment physique, étaient dans l'usage d'ouvrir les fonticules avec le cautère actuel. *Ambroise Paré* pratiquait avec un poinçon ardent l'ouverture destinée à recevoir un séton. Il est peut-être même fort à regretter que, dans quelques cas plus communs qu'on ne pense généralement, on ait perdu cette coutume, et que l'ouverture des fonticules ne se fasse plus aujourd'hui qu'avec le cautère potentiel, ou avec l'instrument tranchant. Ce dernier surtout nous a privés d'un des plus grands avantages du procédé des anciens, celui d'imprimer un courant irrésistible à l'action vitale, ou de contre-balancer par une irritation salutaire une irritation qui menace de devenir mortelle. Dans notre siècle on se propose d'épargner autant que possible des douleurs aux malades. Or ce sont précisément ces douleurs qui, dans le plus grand nombre des cas, sont nécessaires et indispensables, parce qu'elles seules peuvent provoquer l'irritation dérivative sur l'efficacité de laquelle on compte.

On sait quels prodigieux avantages l'on retire, dans la pratique, de l'application bien raisonnée des vésicatoires; et malgré l'espèce d'anathème lancé contre eux par *Baglivi, de usu et abusu Vesicantium*, il n'en reste pas moins vrai que ce moyen est un des plus puissans et des plus efficaces dont puissent se servir les médecins. Peut-être même que dans beaucoup d'occasions la pratique moderne perd en puissance lorsqu'elle préfère les médicamens internes à ces agens topiques si énergiques. C'est surtout dans l'application des vésicans que beaucoup de praticiens ne voient que le travail local, et l'issue ouverte aux humeurs morbifiques. Ils semblent ignorer que l'influence que leur action topique exerce sur l'économie animale, l'ébranlement, la secousse que la douleur fait ressentir à tous les systèmes, l'excitement qu'en reçoivent les vaisseaux, sont les élémens réels de la puissance thérapeutique des vésicatoires. N'ont-ils jamais observé, ces praticiens, des améliorations notables, des guérisons même, dès les premières heures de l'action vésicante, et à une époque où il n'est pas permis de rien réclamer en faveur de la suppuration? Qu'ils étudient attentivement les phénomènes que manifestent les fièvres nerveuses passives, adynamiques, soporeuses avec résolution des forces, après l'apposition des vésicatoires, et ils verront que la grande excitation nerveuse que ces épispastiques occasionnent, est la source de tout le bien qu'ils produisent (1). L'observation leur apprendra encore plus : elle leur dira que les vésicatoires qui suppurent trop abondamment énervent les forces, et que dans les fièvres

(1) Voyez *Dumas, Mém. de la Société de Santé de Lyon.*

ci-dessus désignées, cette suppuration cause une débilité très-contraire aux vues que le praticien se propose dans leur traitement. Nous connaissons des cas cependant où la suppuration d'un vésicatoire, ou bien le travail qui la crée, peut réclamer les principaux honneurs de la guérison. Le fait suivant en fournit une preuve évidente :

Madame de....., femme de l'un de MM. les capitaines des cuirassiers de la Reine, m'amena un jour son enfant, âgé de deux mois, pour me consulter sur les causes qui avaient pu produire chez lui le marasme le plus grand que j'aie jamais vu. Ce malheureux enfant était alors dans cet état de décrépitude effrayant que l'on remarque quelquefois chez les jeunes sujets qui ont reçu le germe du virus vénérien avec celui de la vie. L'enfant vomissait tous ses alimens. Jusqu'alors on lui avait administré les sirops de quinquina et antiscorbutique, qui n'avaient produit aucuns bons effets. Bien persuadé que cet enfant allait périr, je recommandai à la mère de suspendre tous les remèdes intérieurs, et de se borner à lui donner son lait pour nourriture; de lui faire des frictions sur toute la surface du corps, et d'*essayer* l'application d'un très-petit vésicatoire sur le centre de la région épigastrique. Le seul avantage que l'on retira de ces nouveaux moyens, fut de suspendre en partie la marche de l'effroyable fièvre hectique qui dévorait cet enfant.

Consulté une seconde fois, j'appris que l'enfant avait eu les quinze premiers jours de sa vie un très-léger suintement derrière l'oreille gauche, et que ce n'était que depuis la disparition de ce suintement que cet enfant était ainsi malade. Sans espérance plus grande pour la vie de cet infortuné, je recommandai à la mère de lui frotter tous les matins le derrière de cette même oreille avec une goutte ou deux de teinture de cantharides. Peu de jours après le suintement reparut, et avec lui une amélioration des plus heureuses et des plus inattendues. Maintenant l'enfant se porte beaucoup mieux. Ses vomissemens sont rares. Les nombreuses rides qui sillonnaient sa figure et tout son corps ont fait place à l'embonpoint et à la fraîcheur, et sous peu de temps tout porte à penser qu'il ne lui restera plus rien d'une maladie qui paraissait ne lui avoir plus laissé qu'un instant à vivre. Mais, chose remarquable chez cet enfant, c'est que le retour à la santé marchait d'autant plus vîte que l'écoulement était plus abondant. Deux fois il se supprima, et deux fois la maladie parut acquérir de nouvelles forces.

Lorsqu'on a recours aux vésicatoires dans les phlegmasies aiguës et chroniques, on n'a pas seulement l'intention de produire une phlogose sur un des points de la peau; on veut aussi causer de la douleur, et changer par elle la direction vicieuse qu'affectent les forces vitales. *Barthez* pensait sur ce point comme nous, au moins pour les affections rhumatismales. Ils agissent alors, disait ce célèbre vitaliste, en excitant la sensibilité de l'organe cutané, et en affaiblissant celle qui est concentrée sur les parties enflammées.

Nous employons encore ces irritans dans les spasmes, dans l'intention de les transporter sur des endroits où ils ne puissent plus compromettre l'existence, et pour régulariser l'action nerveuse. Ce que nous avons dit des vésicatoires, nous pouvons le répéter en partie pour les synapismes, et les divers épithèmes irritans si souvent employés naguère. C'est par la douleur qu'ils causent, aussi bien que par l'excitation vasculaire qu'ils produisent, qu'ils font cesser une foule d'irritations et de douleurs internes. Autrefois les médecins du plus grand nom avaient recours à ces épithèmes pour guérir plusieurs affections générales. C'est ainsi qu'*Hoffmann* recourait à eux pour combattre des fièvres quartes opiniâtres et rebelles ; il les faisait appliquer aux poignets. M. *Andouard*, médecin militaire très-distingué, s'est servi dans ces derniers temps des synapismes pour anéantir de pareilles fièvres rebelles au quinquina (1).

Mais c'est surtout aux pieds que l'on a l'habitude, fort bonne d'ailleurs, d'appliquer ces sortes d'agens dolorifères, comme révulsifs, dans plusieurs maladies de la tête et de la poitrine, mais toutefois cependant lorsqu'on s'est assuré préliminairement que le système sanguin a été réduit à un état tel qu'il ne répondra pas trop à l'excitation que l'on veut produire sur le système nerveux, et sur une portion limitée du système vasculaire. *Vhytt*, qui a si bien

(1) Voy. *Annales de Clinique de Montpellier*, tome 28.

écrit sur les maladies nerveuses, n'hésitait pas à attribuer à la douleur tous les bons effets obtenus par ces excitans. En affectant tout le système nerveux, dit-il, la douleur diminue la perception de l'irritation dont le siége est dans le cerveau; irritation qui est si souvent la source de beaucoup de délires (1).

Paul d'Ægine avait encore l'habitude d'arrêter les hémorragies nazales qui résistaient aux moyens ordinaires, en suscitant des irritations douloureuses sur diverses parties, mais particulièrement sur la partie muqueuse du prépuce (2).

La flagellation a par sa manière d'agir beaucoup d'analogie avec les moyens qui précèdent immédiatement. Par la douleur qu'elle excite, par l'espèce de titillation qu'elle exerce sur les capillaires de la peau flagellée, elle fait cesser des concentrations vicieuses des forces vitales; elle anéantit des spasmes internes, en attirant et accumulant en quelque sorte une grande partie de la sensibilité animale sur le point frappé.

---

(1) Ouv. cité, tom. 1, page 352.

(2) *De Art. médic.*, liv. 2, chap. 59.

Ou bien, si la flagellation est employée sur des sujets qui manquent de force, de vie, de tonicité, en secouant le système nerveux, elle favorise le jeu de ce système, elle excite le dégagement de la chaleur animale, et ranime toutes les forces organiques. C'est en agissant de cette manière qu'elle a pu guérir des fièvres quartes anciennes, ou faire cesser les accès d'une sombre et désespérante mélancolie causée par les chagrins les plus cuisans, ou par la tristesse la plus profonde. C'est par des effets organiques aussi puissans que la flagellation a eu les succès les plus étonnans dans des lipothymies, des syncopes, des attaques épileptiformes, dans certaines émaciations causées par des irritations chroniques cachées. Au reste nous sommes fâchés que les médecins n'aient pas recours plus souvent à ce mode particulier d'excitation cutanée. Nous croyons, par exemple, que dans bon nombre d'engorgemens de l'utérus, qui si souvent conduisent à des lésions de textures irréparables, la flagellation des lombes produirait des résultats favorables. Dans le rhumatisme chronique, dans les névralgies, la flagellation a eu des succès non moins incontestables. Le supplice militaire des verges, employé autrefois, a guéri plusieurs militaires atteints de ces maladies. Il paraît d'ailleurs que c'est aussi en partie par ce moyen qu'*Antonius Musa* a guéri César-Auguste d'une sciatique (1).

L'urtication, qui, indépendamment des démangeaisons vives de la douleur cuisante qu'elle suscite, produit aussi des élevures, des papules, a des avantages thérapeutiques encore plus prononcés que ceux que détermine la flagellation. J'ai eu lieu plusieurs fois de m'en louer lorsque je l'ai employée pour des engorgemens scrofuleux. *Dodart* y avait souvent recours pour le cas de goutte chronique avec engorgement des articulations.

Elidaeus paduanus la conseille encore dans la variole lorsque l'éruption ne se fait difficilement que parce qu'il existe à l'intérieur des spasmes, ou des points d'irritations qui peuvent se convertir en inflammations mortelles.

Nous ne pouvons non plus passer sous silence les frictions rudes prônées

---

(1) Voy. *Suétone Tranq.*, *vita. Octav.*, n.° 80.

avec tant d'enthousiasme par *Celse*. Par elles on peut aller jusqu'à rubéfier la peau, augmenter fortement la sensibilité des parties frottées; mettre en jeu la sensibilité générale ; la réveiller lorsqu'elle est engourdie; briser ses mauvaises directions; remonter l'action vasculaire, ou dissiper les irritations dont ce système est le siége. Elles sont surtout singulièrement utiles dans une foule d'engorgemens lents, scrofuleux dans certaines stases de nos fluides.

On les a surtout beaucoup vantées dans les affections rhumatismales. Les Morlaques qui, suivant l'abbé *Fortis*, y ont souvent recours pour la guérison de ces maladies, les poussent jusqu'à écorcher d'un bout à l'autre le dos du malade (1). *Cotugno* s'en servait dans la névralgie sciatique.

La percussion a aussi ses prôneurs. Sans doute nous ne proposerons à personne d'imiter le procédé dont parle *Bartholin*, qui dit avoir vu quelquefois des douleurs extérieures se dissiper comme par enchantement lorsqu'on appliquait de grands coups de poings

(1) *Voyage en Dalmatie*, tom. 1, p. 157.

sur la partie dolente (1). Nous ne conseillerons pas davantage d'imiter je ne sais quel chirurgien qui guérit à Paris madame Chahuet d'une douleur fort vive, qui depuis cinq ans revenait quatre ou cinq fois chaque année, en exerçant sur ses membres malades des torsions violentes et cruelles.

La percussion dont nous voulons parler est plus douce. On frappe des coups répétés pendant un temps plus ou moins long sur la partie malade (la partie postérieure de la cuisse par exemple dans la sciatique) soit avec une baleine, ou un petit roseau, jusqu'à ce que le malade éprouve un léger sentiment de douleur.

D'après *Barthez*, *Fiezel*, médecin hollandais, a guéri par ce moyen un homme de cinquante ans, qui éprouvait depuis sept à huit ans de vives douleurs dans une hanche, douleurs qui le faisaient boiter.

Le docteur *Seaman* ayant observé souvent que les personnes qui éprouvent des douleurs aiguës sont capables de prendre une grande quantité d'opium,

---

(1) *Act. de Copenhague*, an 1679, collect, acad., tom. 7, p. 383.

sans en éprouver les effets narcotiques, imagina que la douleur pourrait bien obvier à l'influence mortelle d'une forte dose d'opium prise à dessein ou par mégarde. Une femme avait avalé une once de laudanum liquide qui l'avait jetée dans une telle stupeur que ses parens firent de vains efforts pour l'en tirer. *Seaman* prit alors une petite baguette, et lui en appliqua des coups assez forts sur les bras et sur les épaules, qu'il avait recouverts d'un linge fin; il la frappa également sur les jambes. Au bout de fort peu de temps, et presqu'immédiatement après la première application du remède, elle s'éveilla, et pria le médecin de cesser. La guérison succéda ensuite assez promptement à des vomissemens sollicités par l'administration du sulfate de zinc et de l'ipécacuana (1).

Les praticiens savent encore que l'évulsion, l'arrachement des poils, est une source de douleurs qui nous prête quelquefois de salutaires secours chez les noyés, les apoplectiques, les épileptiques, la catalepsie, la syncope, l'hys-

(1) *Annales de la Littérature étrangère*, vol. 8, page 555.

térie. Je l'ai vu employer très-utilement dans la fièvre putride. Un malade qui allait succomber sous les atteintes d'une fièvre cérébrale soporeuse, recouvra sa connaissance et la pàrole toutes les fois qu'on lui arrachait quelques poils des cuisses et des jambes. Ce procédé employé avec constance pendant deux jours, est entré, suivant nous, pour beaucoup dans la guérison de ce malade. *Deheers* (1) nous a rapporté qu'il avait empêché deux chirurgiens de trépaner un homme qui, depuis quatre jours, était en léthargie par suite d'ivresse. *Deheers* lui arracha quelques poils de la barbe, et la douleur vive que suscita cet arrachement suffit pour le tirer de son état de torpeur.

« Dans la suffocation de matrice qu'on » tire à la femme, dit encore *Ambroise* » *Paré*, le poil des tempes, de derrière » le cou, ou plutôt celui des parties hon- » teuses, afin que non-seulement elle » soit éveillée, mais davantage que par » la douleur excitée en bas, la vapeur » qui monte en haut, et fait la suffoca- » tion, soit retirée, et rappelée en bas » par révulsion. Aussi il leur faut lier

(1) *Obs. médic.*, liv. 1, obs. 19.

» les bras et jambes *de liens doulou-*
» *reux*, ensemble qu'on les *frotte ru-*
» *dement* avec gros linges âpres et ru-
» des *avec douleur* (1). »

La compression exercée sur nos parties développe encore des douleurs que l'art sait utiliser à propos. C'est ainsi que, pour arrêter les hémorragies, on se servait autrefois de ligatures appliquées autour des membres, lesquelles n'agissaient en grande partie que par le sentiment douloureux qu'elles faisaient naître; sentiment qui, s'étendant jusqu'aux vaisseaux malades, amenait plus ou moins promptement les changemens favorables à la suppression de l'écoulement sanguin. Ces ligatures sont maintenant tombées en désuétude. Cependant, lorsqu'elles sont assez fortes pour causer de la douleur, nous sommes loin de croire qu'elles sont sans utilité. On convient assez généralement aujourd'hui, dit *Lordat*, que l'effet des ligatures dépend surtout de la compression douloureuse et révulsive qu'elles produisent (2). *Van Swieten* conseille les ligatures dans l'hémoptysie. Le tra-

(1) *OEuv. chir.*, 24.e liv., chap. 57.
(2) *Traité des Hémorragies*, p. 327.

ducteur de *Whytt* dit avoir fait cesser des éternumens incommodes par leur continuité, en comprimant fortement l'angle interne des paupières : ce qu'il attribue à la sensation douloureuse que faisait naître la compression qu'il exerçait.

Les tractions, les dilatations douloureuses, les titillations, sont pour un chirurgien habile trois moyens qui lui offrent de grandes ressources dans quelques circonstances. Il les emploie particulièrement sur le col utérin, dans une maladie des plus redoutables pour les femmes accouchées, dans ces effroyables hémorragies qui dépendent de la faiblesse, de la torpeur, de l'inertie dans laquelle la matrice tombe quelquefois après l'accouchement. Instruit par les dangers attachés à ces sortes de pertes, le médecin, à l'imitation du célèbre *Puzos*, s'empresse alors de solliciter des douleurs dans le col de la matrice, en le titillant, en le tiraillant, en le distendant même. Excitée par la douleur, la matrice revient sur elle-même, et l'hémorragie s'arrête.

Le chatouillement, mélange de douleur et de plaisir, a été quelquefois utilisé par des praticiens habiles. Nous avons ouï dire qu'une femme qui s'était élevée au plus haut rang des grandeurs humaines, ne pouvait goûter les douceurs du sommeil sans de légers chatouillemens qu'une suivante lui pratiquait à la plante des pieds. Nous avons aussi connu une autre dame dont la digestion s'accompagnait ordinairement d'une grande émission de gaz, et qui ne parvint à se guérir de cette incommodité qu'en recourant à de forts chatouillemens qu'on exerçait sur ses flancs. Ces faits n'ont d'ailleurs rien d'extraordinaire lorsqu'on connaît les effets immédiats que déterminent les chatouillemens modérés. Ils excitent le rire, dilatent la poitrine, mettent en jeu les organes des deux grandes cavités pectorale et abdominale; ils suscitent des contractions musculaires rapides, qui peuvent remplacer jusqu'à un certain point l'exercice. *Tissot* s'est souvent servi de ce moyen avec succès chez des enfans faibles, ou atteints de carreau et de rachitisme. Dix ou douze jours de cet exercice, en donnant plus de force et de vivacité aux enfans, suffisaient quelquefois pour changer très-sensiblement leur état. (1). Poussés trop loin,

(1) *Maladies nerveuses*, vol. 3, p. 402.

les chatouillemens pourraient produire des convulsions, comme l'a vu *Klœchof*. On sait d'ailleurs que la secte des Moraves faisait périr ceux qu'elle ne pouvait convertir par des chatouillemens long-temps continués.

L'eau froide employée en bains, en ablutions, en douches, agit sur notre économie non-seulement en soustrayant à nos organes la chaleur animale surabondante dans beaucoup de maladies, mais encore en suscitant de vives secousses dans le système nerveux, en lui communiquant des impressions très-douloureuses qui brisent ses spasmes, et changent la direction des mouvemens nerveux. Ainsi s'expliquent les grands succès que les anciens ont obtenus de son emploi dans la fièvre ardente, dans la synoque. *Currie* et *Giannini* n'ont pas été moins heureux dans ces temps modernes. C'est dans l'ouvrage de ce dernier qu'il faut lire tout le parti que cet habile médecin de Milan a su tirer de l'eau froide.

Il est encore un très-grand nombre de moyens qui peuvent causer de la douleur, et que le médecin peut employer selon l'occurrence. C'est ainsi qu'il peut avoir recours à l'insolation, au feu tenu à une certaine distance de nos parties, à l'électricité qui découle de nos machines, ou à celle que produisent le *raya torpedo* et *le gymnotus electricus*; aux pincemens de la peau, à sa torsion, aux chatouillemens de la membrane pituitaire ou de l'auriculaire à l'aide des barbes d'une plume, ou en soufflant dans le nez, par le moyen d'un chalumeau, des sternutatoires puissans; à l'eau bouillante, à la cire d'Espagne enflammée, à une mèche allumée, à des extensions et flexions fortes des membres. Il suffit souvent, a dit *Cullen*, d'exciter des sensations désagréables dans les parties voisines de celles qui sont malades, comme en faisant tenir de forte eau-de-vie dans la bouche, en inspirant de l'eau de Luce ou de l'ammoniac par le nez pour produire des effets que l'on attendrait inutilement des meilleurs remèdes internes. Par la même raison on a dû quelquefois chercher à susciter de pareilles sensations pénibles sur des surfaces encore plus sensibles. C'est ainsi qu'on a vu des praticiens arrêter des hématemèses en faisant boire de l'eau-de-vie ou du rhum à leurs malades; que *Sydenham* traitait les panaris en plongeant le doigt affecté dans l'esprit de vin ou dans l'eau bouillante; moyens puissans qui épuisent la sensibilité locale, et font taire par sa diminution les symptômes inflammatoires.

N'est-ce pas à l'influence d'une douleur vive, causée par l'évulsion d'une dent très-saine, qu'un malade cité par *Sauvages* a pu être guéri d'une ondontalgie rhumatismale qui avait résisté à la saignée et à l'usage de l'opium? Un nommé Galimand, tailleur à Paris, se frappe violemment le coude. Une douleur aiguë se fait sentir, et persiste. Il se saisit d'une porte, et exerce sur elle des tractions violentes. La douleur devient intolérable, et cesse presque de suite pour ne plus revenir.

Mais ce n'est pas seulement la douleur excitée sur nos parties extérieures, et par des moyens appliqués immédiatement sur elles, qui peut nous être utile. A l'aide de médicamens actifs, portés au-dedans de nos organes, on peut encore développer des douleurs intérieures dont l'influence est quelquefois salutaire. Sans doute ici on ne saurait user de trop de circonspection pour ne pas donner naissance à des irritations ou à des inflammations qui pourraient devenir mortelles. Souvent même ces moyens sont trop incertains pour qu'un praticien sage puisse les proposer. Dans certains cas cependant il peut y recourir, en n'imitant pas de trop près l'audace des anciens, de *Dioclès*, qui, suivant *Cœlius Aurelianus*, prescrivait dans la névralgie sciatique des lavemens préparés avec des purgatifs très-âcres, qui faisaient rendre du sang. Suivant *Cœlius* il obtenait beaucoup de succès. Ce n'est aussi qu'avec une grande discrétion que l'on pourrait quelquefois tenter d'imiter *Rhazes*, qui nous assure qu'il a vu plus de mille fois des affections goutteuses promptement dissipées lorsqu'il donnait, après une purgation générale, des lavemens préparés avec la coloquinte, l'élatérium, etc; ..... médicamens qui attiraient, dit cet Arabe, la matière avec une telle force *qu'ils en blessaient* les intestins.

Dans les fièvres muqueuses et putrides, *Stoll*, qui n'avait pas méconnu la puissance de quelques douleurs excitées à propos, conseille d'administrer les feuilles et la racine d'arnica, jusqu'à ce que l'on puisse produire de la douleur sur les surfaces gastriques et intestinales. C'est au développement de ce phénomène qu'il attribue les avantages qui résultaient de l'emploi de l'*arnica montana*. *Barthez* pense aussi que les purgatifs drastiques auxquels on a recours quelquefois dans la manie et la démence, ne guérissent souvent qu'en occasionnant des coliques révulsives de l'affection maniaque. C'est encore en suscitant de la douleur, en éveillant la sensibilité de tout le système abdominal, en changeant la direction que pourraient affecter les humeurs, que les émétiques et les purgatifs produisent d'excellens effets dans les commotions du cerveau. Au reste, il serait facile d'appliquer des considérations semblables à beaucoup de médicamens excitans qui n'agissent souvent qu'en éveillant la sensibilité, en dolorifiant les organes sur lesquels on les applique, ou sur ceux avec lesquels ils ont une affinité spéciale. Mais, ne voulant pas donner plus d'extension à notre sujet, nous nous bornons à cette dernière remarque. Dans la chirurgie même, dans les grandes opérations qu'elle pratique pour soustraire tant de malheureux aux ravages de maladies contre lesquels les médicamens ni le *vis naturæ medicatrix* ne peuvent plus rien, la douleur vient s'interposer encore quelquefois pour le plus grand bien des malades. Sans doute il est un grand précepte que le chirurgien ne doit jamais ignorer, celui d'épargner, autant qu'il est en lui, la douleur aux personnes qu'il va soumettre à l'action de ses instrumens. Mais si ce précepte est bon, il est pour lui des exceptions. Nous dirons d'abord, sans crainte d'être démentis par les plus habiles chirurgiens, que le succès de beaucoup d'opérations dépend fort souvent de la continuité des douleurs que les malades ont éprouvées avant ces mêmes opérations. *Bell, Richter* demandent qu'ils aient été un peu épuisés par elles : ils en font un précepte particulier. La douleur, par sa continuité, semble diminuer l'énergie du principe de la sensibilité, et empêcher ou prévenir le développement si fâcheux, si formidable des symptômes inflammatoires ou nerveux, consécutifs à l'opération, et qui en font presque tout le danger. *Marc-Antoine Petit*, comme *Bell*, avait souvent été frappé de ces vérités importantes. Dans sa *Médecine du cœur*, où se trouvent consignés beaucoup de faits précieux, il dit avoir souvent vu que les grandes opérations, l'amputation des membres surtout, réussissaient bien mieux quand on les pratiquait pour des maux très-anciens chez des malades épuisés par la douleur, que lorsqu'on les faisait trop tôt, et dans les premiers temps du mal. Dans l'opération même, nous dirons que chez les personnes qui sont douées d'une grande inertie physique et morale, chez celles où le système nerveux se trouve dans une sorte de stupeur ou d'engourdissement, la douleur ne doit pas être autant ménagée que chez les individus plus irritables. Il est donc quelquefois dangereux d'opérer avec trop de promptitude. Sans doute, dit le chirurgien de Lyon que nous venons de citer, il faut que la main soit légère; il faut que le sillon que trace un fer bienfaisant se fasse avec rapidité; mais quand la douleur que ce fer doit produire est atroce, on diminue son danger en prolongeant sa durée, et l'âme semble moins sentir le fardeau dont on la charge, quand c'est avec gradation que l'on en augmente le poids. *Pouteau* sur ce point avait des idées parfaitement analogues. Il regardait comme dangereux d'ouvrir la vessie par une incision assez grande pour donner à l'extraction de la pierre toute la facilité qu'il paraît d'abord si commode de se procurer. Il voulait que la pierre, en passant par l'ouverture, opérât toujours une légère dilatation, le malade n'ayant rien à redouter de la longueur des douleurs, mais seulement de leur vivacité. Pourquoi voyons-nous quelquefois en province certaines opérations réussir beaucoup mieux que dans la capitale, si ce n'est parce que les premiers opérateurs, sans être dépourvus de talens et de courage, ne suivent pas toujours très-exactement le précepte d'épargner toutes douleurs aux malades. J'ai ouï dire à l'un des plus habiles hommes de la capitale que beaucoup de chirurgiens, et lui-même, avaient observé qu'en pratiquant les grandes opérations dans les hôpitaux, les malades qui montraient le plus de sensibilité, qui éprouvaient le plus de douleurs, ceux qui l'exprimaient avec plus de force, guérissaient plus facilement que ceux qui avaient montré ou moins de sensibilité, ou plus de courage. Ne serait-ce pas parce que chez les premiers les douleurs, en suscitant une grande commotion nerveuse, changent les habitudes ou les directions vicieuses que le système des nerfs avait contractées pendant la maladie, et le replacent dans un état plus conforme au rétablissement de la santé?

FIN.

www.ingramcontent.com/pod-product-compliance
Ingram Content Group UK Ltd.
Pitfield, Milton Keynes, MK11 3LW, UK
UKHW021049200726
13857UKWH00003B/863